AF282890

José Diz

PROPÓSITO DE VIDA: ¡TATUAR!

Aprende los secretos del mundo del tatuaje
de forma práctica, sencilla y efectiva

JOSÉ DIZ

PROPÓSITO DE VIDA: ¡TATUAR!

Aprende los secretos del mundo del tatuaje de forma práctica, sencilla y efectiva

bubok
EDITORIAL

© José Diz
© PROPÓSITO DE VIDA: ¡TATUAR!

Marzo 2025

ISBN papel: 978-84-685-8723-3
ISBN Ebook: 978-84-685-8727-1

Depósito Legal: M-6851-2025
SafeCreative: 2503061036806

Editado por Bubok Publishing S.L.
equipo@bubok.com
Tel: 912904490
Paseo de las Delicias, 23
28045 Madrid

Reservados todos los derechos. Salvo excepción prevista por la ley, no se permite la reproducción total o parcial de esta obra, ni su incorporación a un sistema informático, ni su transmisión en cualquier forma o por cualquier medio (electrónico, mecánico, fotocopia, grabación u otros) sin autorización previa y por escrito de los titulares del copyright. La infracción de dichos derechos conlleva sanciones legales y puede constituir un delito contra la propiedad intelectual.

Diríjase a CEDRO (Centro Español de Derechos Reprográficos) si necesita fotocopiar o escanear algún fragmento de esta obra (www.conlicencia.com; 91 702 19 70 / 93 272 04 47).

A mis padres.

Como no podía ser de otra manera, os quiero dedicar este libro, mi primer libro. Me hace mucha ilusión y espero que estéis orgullosos de mí, yo sí lo estoy de que seáis mis padres, creo que cualquier hijo debería tener unos así, sin vosotros nada de esto habría sido posible, vosotros me habéis enseñado a ser una buena persona y los valores que tengo hoy en día; os quiero con locura.

Vuestro hijo,

José Diz

ÍNDICE

13 Prólogo

15 Introducción

19 Limpieza e higiene personal

21 Normas higiénico-sanitarias

22   1. Formación y certificación

22   2. Limpieza y desinfección

22   3. Uso de materiales adecuados

23   4. Gestión de residuos

23   5. Cuidados del cliente

23   6. Higiene personal y del estudio

23   7. Prevención de contaminación cruzada

25 Si tatúas en casa, deberías saber esto

29 Nunca te aproveches de tu situación

31 ¿Qué necesitas para ser legalmente un tatuador?

35 Valores: puntualidad, profesionalidad, honestidad y limpieza

37   Listado de algunos valores que puedes adoptar

43 Así fueron mis primeros pasos

51 Ventajas y desventajas de ser tatuador

55 ¿Cuánto ganamos los tatuadores?

59 Cómo calcular el precio de uno o varios tatuajes

63 Buenos clientes vs. malos clientes ¿Cuál es el cliente ideal?

67 Cosas que «no me gustan» de los clientes

71 ¿Cuántos clientes debes agendar un mismo día y cómo calcular el tiempo que necesitas con cada uno?

75 ¿Qué hacer si te equivocas? Todo tiene solución, menos la muerte

77   Qué material comprar si estás empezando

83   ¿Qué estilo deberías hacer?

85   Cómo llevar tu agenda en Google y por qué hacerlo en esta plataforma

89   Cómo llevar tus redes sociales (*feed* atractivo, publicar cada día, pagar cada mes publicidad, dar contenido de valor...)

95   ¿Debería abrir un estudio o trabajar para alguien? Pros y contras

96   Pros de trabajar para otro estudio aunque tengas experiencia

96   Contras de trabajar para otro estudio

97   Pros de trabajar en tu propio estudio

97   Contras de trabajar en tu propio estudio

99   Cuánto cuesta abrir un estudio de tatuajes, y consejos que valen oro

113   ¿Qué hacer si te pinchas con una aguja usada?

115   ¿Cómo se debe curar un tatuaje?

121   ¿Qué hacer si alguien se te desmaya? ¿Cómo detectarlo antes de que suceda?

125   Cómo hacer correctamente una foto y un vídeo, usar filtros polarizadores, etcétera

129   Premios y convenciones, ¿son importantes? ¿Te generan algún beneficio? ¿Son justos los jueces? ¿Cómo lo haría yo para votar en los concursos?

133   Por qué han prohibido las tintas en Europa y el escándalo en la convención de Madrid 2015

139   Posiciones para tatuar correctamente

143   Trucos y consejos: cómo y dónde encontrar imágenes para documentarte, cómo retocarlas y mucho más

149   Anécdotas personales, curiosidades y tatuajes raros

149   Sonrisa perruna

149   Mujer muy cachonda

150   Tatuajes de parejas

151   Hija mandona

151   Cohete en el pene

152   Susto por la anestesia

154   Policía loco

154   Cenizas del perro

155 Tatuajes que me he negado a hacer
156 Broma delantal
157 Máximo de horas tatuadas en un día
157 Persona más mayor que he tatuado
158 *Haters*, morosos, etcétera
160 *Piercing* en la punta de la lengua para…
160 ¡Corre, Forrest, corre!
161 Pedos, eructos y mocos
161 Mi hija se quiere hacer el *piercing* «Angus»
161 Amor por los animales
163 **Fallos que he cometido en mi carrera profesional**
173 **Opiniones personales**
177 **Formación personalizada *online*. Te ayudo a montar tu propio estudio o a trabajar en uno**
179 **Reflexión final**

PRÓLOGO

Escribir un libro nunca es una tarea sencilla. Si bien desde el desconocimiento y la inexperiencia uno cree que se trata simplemente de escribir un boceto y publicarlo, a decir verdad, es el resultado de invertir muchas horas en corregir y mejorar el contenido, hasta que, tras meses de esfuerzo y dedicación, el resultado final se convierte en un concepto totalmente distinto al original.

Esta frase resume el viaje que José Diz ha emprendido con este libro, su primer gran aporte escrito al mundo del tatuaje. Un viaje que no solo ha sido un desafío personal, sino también un acto de generosidad hacia quienes comparten su pasión. Escribir un libro como este no es solo plasmar conocimientos, sino también abrir el corazón y compartir las lecciones acumuladas tras años de dedicación y aprendizaje en un oficio tan complejo como lo es el arte de tatuar.

José no es solo un tatuador; es un referente, alguien que ha sabido combinar la maestría técnica con la capacidad de contar historias a través de la tinta sobre la piel. Por eso, cuando decidió aventurarse en este desafío, supo que no sería fácil. Pero también supo que tenía una misión: ayudar a quienes sueñan con ser tatuadores, ofreciéndoles una guía que les permita evitar errores derivados de la inexperiencia y avanzar con firmeza hacia la excelencia.

Este libro es un manual, sí, pero también es un reflejo de la pasión y el compromiso de José con su arte y con las futuras generaciones de tatuadores. Cada página lleva el peso de los errores que él mismo cometió, de las lecciones aprendidas a lo largo del camino y de los momentos en que el esfuerzo dio frutos. Es una obra que combina conocimiento técnico, sabiduría práctica y, sobre todo, una enorme dosis de humanidad.

Como amigo y como alguien que ha tenido el privilegio de ser una pequeña parte de su inspiración, me llena de orgullo ver este sueño hecho realidad. Estoy seguro de que este libro ayudará a miles de personas a dar sus primeros pasos en el tatuaje, con una base sólida que les permita crecer y desarrollarse en un sector tan exigente como fascinante. Este no es solo el comienzo de un nuevo capítulo para José, sino también para quienes lo lean.

Adentrarse en este libro es mucho más que aprender a tatuar; es descubrir el alma de un oficio y recibir las herramientas necesarias para hacerlo con pasión, respeto y excelencia. Gracias, José, por tu valentía al compartir todo esto con el mundo. Estoy convencido de que este libro no será solo una guía, sino una inspiración para todos los que sueñan con dejar su marca, literalmente, en la piel de los demás.

MARC ROMERA (ELITE FITNESS)

INTRODUCCIÓN

Querido lector o tatuador, este libro es para los amantes del tatuaje y, en especial, para la gente que se esté iniciando en este noble arte. En él, hablo de mis experiencias a lo largo de los años que llevo tatuando (desde 2007); espero que os guste y sea de fácil lectura.

Primero, me gustaría empezar agradeciendo a mis queridos clientes que han confiado en mí, y han dejado su piel en mis manos; sois los mejores, venís a sufrir y encima me pagáis. ¡Qué increíble es el ser humano! Gracias a todos, de verdad, por los momentos vividos y las palizas que nos hemos dado juntos en esos días interminables, a veces incluso a intempestivas horas de la madrugada. Si alguno de vosotros leéis este libro y os sentís identificados, podéis estar tranquilos porque no sale ningún nombre ni apellido real. Bueno, alguno sí; ja, ja, ja. Os quiero.

Este libro quiere ayudar a todo aquel que quiera aprender a tatuar y no sepa por dónde empezar, y a los que ya se han iniciado, pero tienen dudas al respecto. También he reservado una parte del libro para anécdotas y vivencias reales durante los diecisiete años que llevo en este noble oficio; pedos, eructos, desmayos, insinuaciones y mucho más, que como mínimo os entretendrá.

Mucha gente me pregunta que porqué se me dio por ser tatuador, ya que yo trabajaba en la construcción. La respuesta es muy sencilla; me fui a hacer un tatuaje con mi nombre en letras chinas en el brazo, porque había visto a un amigo que se había hecho uno y me encantó. De aquellas. los tatuajes estaban muy mal vistos, pero me hizo mucha ilusión y me decidí a hacerme uno. Mientras lo estaba haciendo, empecé a pensar que la técnica se parecía mucho a la del dibujo, y como yo dibujaba desde pequeño y se me daba bien, decidí intentarlo. No podía estar más equivocado… Por cierto, cuando llegué a casa y se lo enseñé a mi madre, la pobre se puso a llorar y me dijo que eso era de presidiarios. La cara de mi padre fue un poema; menudo disgusto les di. Meses más tarde, cuando me puse a hacer yo los tatuajes, ella se animó muchísimo y le hice varios. ¡Cuántas vueltas da la vida!

En general mi vida como tatuador es muy satisfactoria, porque noto el agradecimiento de la gente, pero también muy dura, ya que es muy exigente y siempre, *siempre*, estás en tensión. Por muy buen tatuador que seas siempre tendrás ese nivel de exigencia y el miedo a equivocarte, y eso hace que estés siempre tenso, aunque por supuesto también disfrutas haciéndolo porque el resultado lo merece; sería imposible de otra manera.

Consejo a los que quieran empezar: primero, que tengan respeto por el oficio, es de los más viejos del mundo. No empecéis si solo lo hacéis por dinero o porque está de moda; os adelanto que no va a funcionar, lo veo constantemente. Y, sobre todo, ni se os ocurra empezar a tatuar si no tenéis una buena base de dibujo. No digo que no podáis tatuar nunca, pero en mi opinión deberíais empezar por lo primero. Después podéis tatuar en piel sintética, aunque ya os digo que no es como la piel; es mucho más dura y no se sabe cómo va a curar. Empezad la casa desde los cimientos e ir subiendo, disfrutaréis más, obtendréis más confianza a la hora de tatuar y el proceso será más agradable. Además, tenéis que pensar en que vais a tatuar a personas que os van a dejar su piel porque creen que sois capaces de tatuar lo que ellos te piden. Deberíais estar algo preparados al menos; digo algo porque nadie nace enseñado, y la única manera de aprender es así; podréis cometer fallos, como es normal, pero al menos tendréis la conciencia tranquila porque habéis hecho lo correcto.

Bueno, no me puedo creer que esté haciendo esto; estoy escribiendo un libro. No sé por dónde empezar, pero siempre he pensado y lo he hablado con mis clientes y mi entorno que lo iba a hacer. Ya he tenido un hijo y ahora voy a escribir un libro. ¡Me falta plantar el árbol! Ahora sí que sí, ¡allá voy!

LIMPIEZA E HIGIENE PERSONAL

Bueno, pues me gustaría empezar por lo que creo que es básico para ser un buen tatuador. Estarás de acuerdo con que, si quieres que la gente venga a tatuarse contigo, una buena higiene es fundamental; y no me refiero solo a ducharte y echarte colonia, cosa que —por cierto— yo hago y recomiendo, sino también otros aspectos que muchos descuidan; por ejemplo, cortarse la uñas, lavarse los dientes, llevar las gafas limpias (en caso de que uses, obviamente), ir bien vestido y con la ropa limpia, llevar el pelo recogido si lo tienes largo o llevas rastas, etcétera.

Estos aspectos son clave para que seas un tatuador con clientela fija, que quiera volver a tatuarse contigo y para que tengas una buena reputación.

¿Alguna vez has ido a un médico, dentista o algún profesional que estuviera sucio, mal vestido, que oliera mal, etcétera? Yo, al menos, no he visto ninguno, y de ser así no volvería nunca. Entonces, qué te hace creer que la gente va a querer tatuarse contigo si eres un desastre personalmente. ¿Crees que le transmitirás confianza? Para nada, además de que le producirías rechazo. Puede que si llegan a tu estudio se tatúen una vez contigo, pero dudo de que vuelvan. Además, ¿cómo vas a hacer un buen tatuaje o vas a ser un buen profesional si ni siquiera te cuidas a ti mismo?

Hay mucha gente que tiene un concepto equivocado de lo que es ser tatuador. Se piensan que tienen «barra libre» para hacer lo que quieran, que pueden vestir como quieran, ir descuidados o incluso beber alcohol o tomar drogas mientras tatúan, y están muy equivocados; la gente no es tonta y prefiere gente seria y lugares limpios.

¡Y lo mismo con el lugar donde tatúes! Ya sea en tu casa (de eso ya hablaremos más adelante), en tu estudio o donde sea que quieras tatuar, debes tenerlo limpio, ordenado y organizado. Si tienes una habitación reservada para eso, debe estar todo inmaculado, y aquí ya no es una cuestión solo de presencia, también es una cuestión de higiene. Vas a trabajar con personas y con sangre, y eso requiere protecciones mínimas de las que hablaremos en el capítulo siguiente; ya sé que esto te puede parecer secundario e incluso innecesario, pero si no me crees echa un vistazo en redes o visita algún estudio bueno de tu ciudad, para ver cómo lo tienen y cómo van los tatuadores, no hay fallo, van siempre como un pincel. Este tiene que ser tu modo de vida, si después en tu casa quieres ser un dejado: adelante, aunque no te lo aconsejo porque eso muchas veces se traduce en lo profesional.

Acostúmbrate a ser limpio si quieres ser tatuador, no hay otra manera, a no ser que quieras ser un tatuador del montón y que tengas que estar cambiando de ciudad porque te quedas sin trabajo; y aunque aquí entran muchas variables como –por ejemplo– el estilo que hagas o lo bueno que seas, te aseguro que si no cumples con lo básico nunca llegarás a ser un buen tatuador. Recuerda el refrán: «Como haces una cosa, así lo haces todo».

NORMAS HIGIÉNICO-SANITARIAS

Como te decía, esto es básico, y no saberlo o, peor aún, no aplicarlo es un suicidio y un acto muy peligroso, ya que podrías infectar a alguien por contaminación cruzada (si no sabes lo que es, sigue leyendo), así que te recomiendo que leas este capítulo, aunque no te guste, y apliques todo lo que sale en él; además, deberías tener el libro a mano por si alguna vez te surge alguna duda sobre algo que aparezca aquí y puedas consultarlo. Si ya tienes el higiénico-sanitario, muchas de las cosas que te voy a explicar ya las sabrás, pero no está de más repasarlas. Además, según el sitio donde te hayas sacado el curso, eso deja mucho que desear, al menos en algún sitio de España, donde se lían a explicarte teorías infinitas para poder pasar un examen y se olvidan de lo más importante, que es la práctica (me recuerda al colegio, ¡cuántos años perdidos…!). Respeto a los profesionales que los imparten, pero creo que algunos están obsoletos.

Por si no sabes qué es el higiénico-sanitario te hago un resumen; es un curso necesario para ejercer profesionalmente como tatuador, anillador o técnico en micropigmentación y *microblading*. En este curso aprenderás todo lo que necesitas para ejercer como profesional, conceptos sobre la piel y las mucosas, desinfección y esterilización, prevención de enfermedades, protección y gestión de residuos, así como la normativa legal que se aplica en este tipo de establecimientos.

Vamos a ir por las normas más importantes que deberías saber; el resto deberás aprenderlo en el curso en caso de que todavía no lo hayas realizado:

1. Formación y certificación

- **Curso higiénico-sanitario:** es obligatorio en muchos países para tatuadores, perforadores y técnicos de micropigmentación. Este curso incluye:

  - Anatomía básica de la piel y las mucosas.

  - Técnicas de desinfección y esterilización.

  - Prevención de enfermedades transmisibles (como hepatitis y VIH).

  - Gestión de residuos biológicos.

  - Normativa legal aplicable.

2. Limpieza y desinfección

- **Esterilización del material reutilizable:** si usas material no desechable, debe ser esterilizado en autoclave.

- **Material desechable:** utiliza agujas, guantes y demás elementos de un solo uso.

- **Desinfección del área de trabajo:** antes y después de cada sesión, limpia superficies con productos desinfectantes específicos.

- **Lavado de manos:** lávate las manos con jabón antiséptico antes y después de cada tatuaje.

3. Uso de materiales adecuados

- **Guantes desechables:** cambiarlos entre clientes.

- **Mascarilla y gafas de protección:** para evitar la exposición a fluidos corporales.

- **Fundas protectoras:** para cubrir cables, máquinas y otros equipos, evitando el contacto directo con superficies contaminadas.

4. Gestión de residuos

- **Contenedores específicos:** desechar agujas y otros objetos cortopunzantes en contenedores especiales.

- **Residuos biológicos:** depositarlos en bolsas y recipientes aprobados para su manejo por empresas autorizadas.

5. Cuidados del cliente

- **Explicación previa:** informar al cliente sobre el procedimiento, posibles riesgos y cuidados posteriores.

- **Autorización firmada:** recoger un consentimiento informado antes de comenzar el tatuaje.

- **Control de materiales:** utilizar tintas y productos homologados, evitando productos prohibidos en ciertas regiones (como algunas tintas en Europa).

6. Higiene personal y del estudio

- **Higiene del tatuador:** uñas cortas y limpias, uso de ropa adecuada y limpia, cabello recogido si se usa largo.

- **Estudio:** mantener las instalaciones limpias, organizadas y bien ventiladas. Disponer de una zona exclusiva para tatuar y otra para el almacenamiento del material.

7. Prevención de contaminación cruzada

- **No tocar superficies contaminadas:** si es necesario hacerlo, cambiar los guantes.

- **Separación de zonas:** una zona estéril para material limpio y una zona específica para desechar residuos.

SI TATÚAS EN CASA, DEBERÍAS SABER ESTO

Voy a empezar diciendo que tatuar en tu casa debería de ser provisional y no es el mejor sitio, no está bien que lo hagas allí cuando ya tienes un nivel suficiente como para empezar a cobrar. En ese momento deberías buscarte un local o ir a trabajar a otro estudio, ya que, si no, es competencia desleal. Ponte en el lugar de los que ya tienen un estudio, del esfuerzo que han tenido que hacer para montarlo y los gastos que cada mes tienen que pagar; no es justo. Yo creo en el *karma*, y creo firmemente que si haces eso estás robando dinero a la gente que lo tiene todo legal, y que eso se te va a devolver. No lo hagas.

Pero esto es en el supuesto de que ya seas un profesional; en caso de que estés empezando obviamente tendrás que empezar en tu casa a no ser que tengas la gran suerte de que te contraten en un estudio como principiante. En ese caso habrás triunfado, ya que no es nada fácil. Si lo hacen, aprovecha la oportunidad y haz las cosas bien; cumple con las normas y los horarios, y haz todo lo que te digan; yo le he dado la oportunidad a algunas personas que querían aprender para hacerme de mánager y que fueran aprendiendo, y no lo aprovecharon; llegaban tarde o directamente no llegaban, venían drogados, se encaraban con la gente, ¡y encima tenían un sueldo! No entiendo a estas personas que tienen estas oportunidades y no las saben aprovechar, y después hay gente muy valiosa que mataría por tenerlas. Pero bueno, si no eres un afortunado de esos te voy a dar algunos consejos para que no tengas ningún problema y puedas tatuar tranquilo.

Lo primero y más importante es NO cobrar. Por favor, tómalo como un *hobby* al principio y regala los tatuajes. Piensa que es una transacción; ellos ponen la piel (que es mucho) y tú el material. Bueno, creo estar escuchando ya algunas voces diciendo: «Pero ¿cómo no voy a cobrar? Eso no es justo; el material vale un dinero y mi tiempo es valioso». Bueno, pues en caso de que quieras hacerlo, al menos que sea mínimo; unos 20 € sería lo correcto, en mi opinión. Te pagan el material más que de sobras, y además te dejan practicar. Negocio redondo. He visto gente tatuando en casa que cobra más que en un estudio o un poco menos, eso es simplemente ridículo. En casa no tienes ningún gasto, en un estudio tienes cientos. Y sobre todo, y esto sí que es innegociable, ni se te ocurra hacer una factura, una autorización o algún papel de curas posteriores ni nada por escrito. Si a alguien le surge un problema por algún tatuaje o algo que recomiendes, te puedes meter en un buen lío. Explícale las curas de palabra o bien haz una publicación en tus redes sociales para que puedan ir allí a mirarlas; esta opción es la mejor, ya que, a veces, con la emoción de haberse tatuado, de estar cansados u otros factores, la gente no te presta toda la atención que debería. Quieren irse para casa y te dirán que lo han entendido, pero cuando lleguen se les habrá olvidado la mitad de lo que les has dicho (en el capítulo dedicado a las curas posteriores tienes la fórmula que yo utilizo para curar los tatuajes; puedes copiarla y pegarla en tus redes. Después de probar varias maneras he llegado a la conclusión de que esa es la mejor.

Como hemos hablado en el capítulo anterior la limpieza es superimportante; también deberías tener todo superlimpio y bien recogido y tener un sitio dedicado al tatuaje. No hace falta que sea una habitación entera solo para eso. Yo, por ejemplo, empecé con un carrito metálico con tres cajones de plástico y ahí lo ponía todo; cuando acababa lo limpiaba todo y le ponía un protector por encima para que no le cayera polvo. También tenía (y sigo teniendo) la casa impecable, para que la gente cuando viniera estuviera tranquila y sabiendo que era una persona limpia. Esto es muy importante, aunque no lo creas, la gente se fija mucho en estas cosas; no te lo dirán, pero lo pensarán y se lo dirán a otras personas, y el boca a boca puede traerte muchos clientes o quitarte muchos también: ya sabes el refrán: «un cliente satisfecho puede traerte dos clientes, uno insatisfecho puede quitarte ocho». Hazme caso, ya que puedes ser el mejor tatuador del mundo, que como seas dejado y sucio, la gente dejará de buscarte.

Otro punto importante sería que, si tienes animales, los mantengas alejados todo el tiempo y no los dejes entrar en la habitación o el lugar donde vas a hacer el tatuaje; es totalmente antihigiénico.

Una buena iluminación también es básica. Invierte un poco de dinero en una buena lámpara led; lo agradecerás con el tiempo y tu vista aún más. Yo compré mi aro de luz en Amazon y me costó poco más de 100 €; es de las mejores inversiones que he hecho; alumbra muchísimo y te lo puedes acercar tanto como quieras, es superpráctico. Recuerda que, si no tienes una buena iluminación, forzarás la vista, pero además no verás con claridad las líneas cuando estés tatuando.

Muy aconsejable también es que siempre seas sincero con la gente, que si te preguntan si lo tienes todo legal les digas que no, que es tu *hobby*, y lo haces *destrangis*. A mí me lo preguntaban a menudo, y supongo que a ti te pasará lo mismo, y no pasa absolutamente nada, se van a tatuar igual. Si ya han llegado hasta tu casa acabarán tatuándose, y si no lo hacen no será el fin del mundo; a mí nunca me pasó, de todas formas. También debes saber que puedes hacerlo totalmente legal en un piso, al menos de donde yo soy (Andorra), pero infórmate antes en tu país, por si acaso.

Espero no haberme olvidado nada. Estas son las cosas básicas que necesitas saber para poder tatuar tranquilo. Pasemos al siguiente capítulo.

NUNCA TE APROVECHES
DE TU SITUACIÓN

Te quiero explicar lo que me pasó a mí cuando hice mi primer curso de tatuaje para ponerte en contexto. Me fui a Gerona y allí el «profesor» nos enseñó a soldar agujas, a hacer líneas y sombras, etcétera. Recuerdo una cosa que nos dijo, y que en su día me parecía normal; ahora, con el tiempo, he descubierto que era un degenerado. Nos comentó que cuando había que tatuar a la gente tenía que quitarse prácticamente toda la ropa, porque la sangre debía fluir correctamente para trabajar bien; si por ejemplo le tenías que tatuar en las costillas a una chica debía quitarse toda la parte de arriba, incluido el sujetador; si lo quería en la parte baja de la espalda, pantalón y bragas fuera, etcétera. El muy desgraciado se aprovechaba de sus clientas para verlas desnudas. En el primer tatuaje que hice en la parte baja de la espalda (zona muy común cuando empecé), pensé: «ostras, ahora le tengo que decir a la chica que se quite toda la parte de abajo», pero lo descarté inmediatamente, porque me pareció extraño y superinvasivo. Al poco tiempo me di cuenta de lo que hacía este señor, y que no tenía nada que ver con el tatuaje; se aprovechaba de su posición. Esto es simplemente enfermizo y deberías evitarlo. Supongo que tanto a ti como a mí no se te ocurrirá, pero por si acaso te dejo aquí mi experiencia. En fin, hay muchos profesionales que se aprovechan de su oficio, pero no es para nada lo normal; de hecho jamás se lo he vuelto a ver hacer a ningún tatuador. Yo, por mi parte, si tengo que tatuar alguna zona, como por ejemplo el canalillo de los pechos, le digo a mi compañera que se quede a solas con la clienta, que le ponga unas servilletas que hagan de pezoneras y listo; la clienta se siente más cómoda y yo también. Si el tatuaje es en la zona vaginal, lo mismo —obviamente, siempre y cuando no entorpezca mi trabajo—. Evita quitar ropa, pero si no puedes, haz lo máximo posible para que tus clientes se sientan a gusto.

¿QUÉ NECESITAS PARA SER LEGALMENTE UN TATUADOR?

Bien, te voy a explicar todo lo que necesitas para ser un tatuador, al menos un tatuador legal, porque para ser uno de verdad, lo que realmente necesitas es saber tatuar y hacerlo de una forma segura.

En primer lugar, deberás informarte en tu país qué necesitas exactamente para serlo; en el mío, con el curso higiénico-sanitario, un curso de tatuajes y tener las vacunas al día ya es suficiente.

Del certificado higiénico-sanitario ya no voy a hablarte más, pero del que sí quiero hablarte ahora es del curso de tatuaje. Este me parece igual de importante que el anterior, ya que con él aprenderás los aspectos básicos de este mundo. Adquirirás todo lo necesario para aprender a tatuar, ya que si no irás dando palos de ciego y no harás bien los tatuajes; esto te puede desmotivar, como me pasó a mí al principio. Como te comenté, hice un curso con un degenerado, que además de no enseñarme apenas nada, me cobró mucho y se dedicó a hablar de cosas que ya prácticamente ni se utilizaban, como por ejemplo soldar agujas. El curso se extendía por dos días, uno teórico y otro práctico; nos explicó aspectos de la piel y cómo funcionaban las máquinas. Pero, muy por encima, y al día siguiente nos hizo hacer prácticas en piel sintética; un desastre. Además, recuerdo que me pareció un tipo muy extraño, porque no llevaba tatuajes; en fin, historias para no dormir…

Me parece muy importante un buen curso, como te decía, porque yo salí de ese sin saber absolutamente nada. Empecé a tatuar y solo hacía desastres, y lo peor es que no entendía el por qué. Es verdad que antiguamente era mucho más difícil tatuar que ahora, eso ni lo dudes. Las máquinas de bobinas son mucho más complicadas de entender que las de ahora, que son solo encender y tatuar. Deben estar bien reguladas y tienen que ser de buena calidad. A todo eso se le unía las agujas, las tenías que meter en el *grip,* y si no tenías cuidado se podían doblar; de hecho, algunas veces venían ya dobladas de fábrica. Recuerdo que sobre todo al principio compraba las baratas (chinas) y, de 50, venían 25 buenas y 25 malas. El problema es que yo no lo sabía, y hasta pasado un tiempo no lo descubrí. No recuerdo quién me lo dijo, pero el caso es que me explicaron que debía de mirarlas con una lupa para ver si estaban bien. A partir de ese momento comencé a revisarlas todas, y me di cuenta de que incluso las de buena calidad, a veces traían alguna aguja tarada.

Me desmotivé muchísimo, hasta el punto que quise dejarlo porque pensaba que no valía; era muy frustrante. El dibujo siempre se me había dado bien, y no conseguía hacer lo mismo en la piel, y visto en perspectiva, no me extraña.

La suerte que tuve es que había contratado un curso de *piercing,* porque quería abrir un estudio, y pensé que debía de tener varios ingresos para poder mantenerlo. ¡Qué locura! No llevaba ni un año tatuando y ya quería abrir un estudio; suerte que no lo hice. El caso es que fui a hacer el curso porque ya lo tenía pagado, aunque ya iba con la idea de dejarlo; pero el destino me mandó una persona que me ayudó. La anilladora que me enseñó, Carmen, del Grupo NG (Girona), me preguntó si tatuaba. Le respondí que sí y estuvimos charlando. Le confesé que no tenía intención de seguir porque no era lo mío. Se quedó un poco extrañada y me preguntó si tenía algún dibujo hecho por mí. Le dije que sí y me respondió que se los enseñara. Así lo hice, le enseñé un retrato que tenía de mi mujer y mi hijo y alguno más, y se quedó muy sorprendida. Me comentó que ella sí me veía aptitudes para tatuar; que si podía dibujar así, lo podría trasladar a la piel. Fue mi salvación. Le estuve explicando cómo fue el curso que hice y se echó las manos a la cabeza, no solo por lo que pagué, sino por lo poco o nada que me enseñaron. Me ofreció un curso que ellos daban en su escuela con un tatuador y me lo rebajó un 25 % porque le sabía mal con todo lo que ya había gastado. Así que lo hice, y gracias a ese curso hoy tengo un estudio desde hace catorce años y estoy escribiendo este libro. Se me pone la piel de gallina. Nunca dejes que tu ego ni nadie te diga que no puedas hacer algo; si eres constante y perseverante lo puedes lograr.

Por eso es tan importante un curso; además, ahora los hay que son impresionantes, son academias y duran varios meses. ¡El mío fue de dos días! Si a eso le sumas que las máquinas de hoy en día son una maravilla, tienes la mitad del trabajo hecho. Por favor, invierte en un buen curso, mira las posibilidades que tienes en tu ciudad, compara relación calidad-precio y apúntate. Es la mejor inversión de tu vida, después de este libro, claro😉.

Muy importante también, es tener todas las vacunas al día, entre ellas la del tétanos; si no las tienes no podrás trabajar, al menos en Europa, aunque ya no es una cuestión solo burocrática, también lo es para tu salud. Si te pinchas, al menos podrás estar tranquilo dentro de lo que cabe. De esto hablaremos en el capítulo: **«¿Qué hacer si te pinchas con una aguja usada?»**.

Además de todo esto, necesitarás una buena dosis de paciencia, constancia, trabajo, pasión y dedicación. Es un trabajo muy bonito y muy gratificante, pero no es un camino de rosas. Al principio te frustrarás, pensarás que no avanzas, le tendrás que dedicar horas seguramente después de trabajar, aunque no tengas ganas, te equivocarás, etcétera. Pero te aseguro que vale la pena, si es que estás dispuesto a pagar el precio. ¿El precio? Sí, el precio son las cosas que vas a tener que dejar de hacer, dejar de procrastinar, de ver TV, de salir de fiesta, de… Y me dirás: «¡eps, eps, eps!, ¡para un momento! ¿Cómo dices? ¿Qué voy a tener que sacrificar todo eso?». Pues sí, si quieres avanzar rápido no te queda otra que practicar, y para eso necesitas tiempo. Y adivina de dónde lo tienes que sacar, ¡exacto! de las cosas que no te hacen prosperar. Olvídate de salir y céntrate en esto, ya tendrás tiempo de pasarlo bien; en serio, lo importante es que le dediques tiempo ahora. Ojalá me lo hubieran dicho esto a mí antes (bueno, seguro que mi madre me lo decía). Ahora ya tendría cinco libros escritos, tres formaciones *online* de tatuaje y siete estudios… Pero aun así, salía de trabajar y me ponía a tatuar y dibujar, y le dedicaba muchas horas, y te lo digo ya: es imposible de otra manera, no hay atajos.

Veo a mucha gente que quiere ser tatuador y se pasa la vida diciendo que a ver si tienen tiempo y que se pondrán cuando tengan vacaciones o cuando llegue Navidad. Siempre tienen alguna excusa, se les pasa el tiempo y no hacen nada. Por favor querido lector, tú no seas uno de ellos. Coge un lápiz y un papel ahora mismo y escribe, para decidir que vas en serio con esto (no es broma).

> *Yo (nombre y apellido) me comprometo a dedicarle X horas al día (pon las que tú creas que le puedes dedicar, como si son 5 minutos, pero al menos algo) a tatuar, a documentarme o informarme para ser un gran tatuador lo más rápido posible y poder así dedicarme a lo que me gusta.*

Fecha: *XX/XX/20XX*

Bien, espero que hayas hecho el ejercicio. Eso quiere decir que estás realmente comprometido. Te auguro un futuro lleno de éxitos, ¡enhorabuena! Sigamos.

VALORES: PUNTUALIDAD, PROFESIONALIDAD, HONESTIDAD Y LIMPIEZA

Igual *a priori* este capítulo no te parece importante, pero te aseguro que es de los más fundamentales. Pero no solo para ser tatuador, sino en la vida en general. Como dice un mentor que me encanta (Sergio Fernández, de IPP): «No hay desarrollo profesional sin desarrollo personal». Así de simple, tener valores es como una guía en tu vida; son tu brújula interior. Y ahora seguro que te estás preguntando: «Vale, pero ¿de qué me está hablando ahora este tío?». Pues de lo que te hablo es de que si —por ejemplo— no eres puntual, nunca tendrás buena reputación, y eso se traducirá en menos clientes. He visto tatuadores muy buenos que, por no ser puntuales, pierden clientela. El problema es que creen que, si ese no viene otro sí lo hará, pero con la cantidad de talento que está llegando a este oficio, las cosas ya no son como antes. Si no cuidas a tus clientes, se irán con otro tatuador que sí conserve valores. Ahora más que nunca, toca ponerse las pilas. Ya no sirve ser el típico tatuador que llega 30 minutos tarde. La gente tiene su vida, y si le dicen a una hora y el tatuador no está, se enfadan, y con razón. Por favor, no te cagues en el tiempo de la gente.

Tampoco es profesional, por ejemplo, si tienes una cita programada y te has olvidado de pedir una aguja, un color o cualquier cosa; es más de lo mismo. Ya no sirve. Además de perder clientes y ganar mala reputación, vas a tener que pasar vergüenza por no hacer las cosas bien.

A mí jamás (toco madera) me ha pasado algo así, porque no lo permito. Tengo una metodología que sigo estrictamente, tanto en mi vida profesional como personal. Más adelante presento un capítulo completo de cómo optimizar un negocio. Si vas a trabajar a otro estudio, te lo podrías saltar, pero aun así te aconsejo que lo leas.

Sigamos con los valores. Los míos, como he escrito en el título de este capítulo, son puntualidad, profesionalidad, honestidad y limpieza. Los tengo escritos en una pizarra en mi estudio, donde lo puede ver todo el mundo. Esto para mí es como una religión; sin estos valores es imposible que un negocio funcione.

La puntualidad es básica. No me gusta hacer esperar a nadie, al igual que no me gusta que me hagan esperar a mí. Otra cosa es que por retrasarme en algún tatuaje haya hecho esperar a alguien un poco, pero es inevitable, aunque me pasa muy poco.

Profesionalidad, bueno, la palabra ya lo dice. Me tomo mi trabajo lo más seriamente posible, tengo siempre todo al día, y cuido a mis clientes, cuido mi reputación al máximo. Imaginaros en un país tan pequeño como el que yo vivo, que solo hay 80 000 habitantes, si no eres profesional, tienes los días contados, como les ha pasado a algunos.

Honestidad; si no la tienes, estás perdido. Si te crees más listo que nadie, jamás vas a prosperar. La verdad siempre por delante; tus clientes deben poder confiar en ti. Si eres honesto, siempre tomarás decisiones acertadas. Cumple tus promesas; por ejemplo, si le dices a un cliente que le vas a regalar un tatuaje pequeño porque es un buen cliente, cumple con tu palabra. Si te arrepientes y no lo haces, estás faltándote el respeto a ti y a tu cliente. Evita la mentira y asume tus errores. Todos nos equivocamos; yo lo hago muchas veces y me seguirá pasando, pero nunca intencionadamente. Si te equivocas, lo reconoces y sigues con tu vida. Te sentirás mucho mejor y las cosas te irán mejor. Ya te he comentado anteriormente que soy un fiel creyente en el *karma*, pero aunque no existiera lo haría igual, porque te da una sensación de paz y orgullo reconocer que te has equivocado y lo vas a corregir. No hay palabras para describir lo que se siente. También te contaré los fallos que he tenido en mi carrera profesional y como los subsané. Espero te sirvan a ti también.

Aquí te dejo un listado de valores. Escoge tres, los que tú creas que más te representan y después define lo que quiere decir cada uno y por qué te sientes identificado con ellos. En caso de que aún no sientas que ese valor está en tu vida, busca gente que sí los tenga (famosos o conocidos) y aprende de lo que hacen ellos. Tener referentes en tu vida te ayuda a poner foco en lo que quieres y te enseña a actuar de la misma manera que ellos, y, por lo tanto, tener los mismos resultados. ¿Cómo?, ¿que por hacer lo mismo que hagan las otras personas yo obtendré los mismos resultados? Así es. Podría ahora explicarte todo lo que yo he aprendido de los libros de autoayuda o inteligencia emocional, o como los quieras llamar, pero no viene al caso. Te dejo eso sí un libro que a mí me cambió la vida y que se llama *La voz de tu alma*, de Lain García Calvo. Te lo recomiendo encarecidamente. Si no crees lo que te estoy diciendo, compruébalo tú mismo.

Listado de algunos valores que puedes adoptar

- Alegría. Este valor va más allá de la mera emoción. Encierra la actitud positiva de encontrar la felicidad, incluso en medio de situaciones adversas. La alegría es como un faro que nos guía hacia la luz en los momentos más oscuros.

- Altruismo. Se centra en ayudar a los demás; incluso cuando ello implica un sacrificio personal.

- Generosidad. Es un acto desinteresado de buscar la felicidad y el bienestar de los demás. Es un recordatorio constante de que dar es tan gratificante como recibir.

- Aprendizaje. La capacidad de aprender no solo enriquece nuestras vidas, sino que también fomenta el respeto por el conocimiento y la experiencia de los demás.

- Autodominio. Cultivar el autodominio implica tener el control sobre nuestros impulsos y emociones. Esta habilidad no solo nos beneficia a nosotros mismos, sino también a quienes nos rodean.

- Autonomía (independencia). Valorar la autonomía significa esforzarse por valerse por uno mismo y tomar decisiones independientes. La autonomía y la libertad están muy relacionadas.

- Capacidad (competencia). La competencia es fruto del aprendizaje y el esfuerzo. Es un valor que se aprecia en la selección de individuos para tareas y trabajos, ya que la competencia promete resultados sólidos.

- Caridad. Va más allá de compartir bienes materiales; abarca compartir tiempo, alegría, paciencia y esfuerzo. Esta virtud demuestra que no se requieren recursos abundantes para ser caritativo.

- Colaboración. Cuando participamos en esfuerzos colectivos sin esperar recompensas personales, estamos fomentando un valor que enriquece a toda la comunidad.

- Compasión. Implica no solo reconocer el sufrimiento de los demás, sino también evitar juzgar duramente a quienes cometen errores, comprendiendo sus limitaciones y debilidades.

- Constancia. Es la perseverancia en las decisiones que tomes y acciones que emprendas (pero no la confundas con ser un cabezota).

- Discernir. Implica la capacidad de analizar, evaluar y distinguir entre diferentes opciones o situaciones, de forma reflexiva y ética.

- Empatía. Es la capacidad de ponernos en el lugar de los demás, comprendiendo sus sentimientos y pensamientos, incluso cuando son diferentes a los nuestros.

- Esfuerzo. Es la energía y el trabajo dedicado a alcanzar metas. Representa la perseverancia y la fuerza que nos impulsa a superar obstáculos.

- Felicidad. Considerar la felicidad como un valor implica abrazar la alegría de vivir, independientemente de las circunstancias. Esto nos permite cultivar una actitud positiva incluso en los momentos más desafiantes.

- Fidelidad. Es el compromiso de cumplir con los acuerdos, ya sea con una persona, principios o instituciones. Indica responsabilidad y lealtad.

- Franqueza. Es la expresión de la sinceridad. Es un valor que promueve la comunicación honesta y abierta, construyendo relaciones sólidas.

- Justicia. Es buscar que cada individuo reciba lo que merece. Lucha por la equidad en un mundo a menudo desigual.

- Honestidad. Quienes valoran la honestidad no solo evitan la mentira, sino que también mantienen la coherencia entre sus palabras y acciones. La honestidad está entrelazada con la integridad.

- Integridad. Es la rectitud y la coherencia con nuestros valores. Es un valor de autenticidad en un mundo a menudo marcado por la hipocresía.

- Gratitud. Reconocer y apreciar a quienes nos han ofrecido ayuda o beneficios, incluso involuntariamente, es un acto de gratitud que fortalece las relaciones y fomenta un sentido de comunidad.

- Lealtad. Conlleva la responsabilidad hacia las personas y grupos a los que pertenecemos. Genera un compromiso y confianza mutua.

- Optimismo. Nos permite ver la realidad desde una perspectiva esperanzadora, enfocándonos en las posibilidades y aspectos positivos.

- Paciencia. Es más que esperar; es la habilidad de comprender tanto nuestras propias debilidades como las de los demás.

- Perseverancia. Es la voluntad de seguir esforzándonos a pesar de los obstáculos; una actitud activa que nos acerca al éxito.

- Puntualidad. Es un valor que refleja el respeto y la responsabilidad al cumplir con compromisos y acuerdos establecidos.

- Responsabilidad. Implica cumplir con las obligaciones que hemos aceptado, lo que fortalece la confianza y el respeto en nuestras relaciones.

- Respeto. Es la capacidad de reconocer y honrar la dignidad de otros, fomentando relaciones basadas en la consideración y el aprecio mutuo.

- Sabiduría. Es un valor que se desarrolla a lo largo de la vida, basado en un conjunto de conocimientos amplios y profundos adquiridos a través del estudio y la experiencia.

- Superación. Quienes valoran la superación buscan constantemente mejorar en diferentes aspectos de la vida, incluyendo la coherencia con sus valores. La superación está estrechamente relacionada con el aprendizaje continuo.

- Sacrificio. Implica renunciar a algo propio y necesario en beneficio de otros. Va más allá del altruismo y la solidaridad, mostrando un nivel profundo de generosidad.

- Sencillez. Es la renuncia a lo superfluo en un mundo a menudo obsesionado con lo material.

- Servicio. Va más allá de estar disponible para otros; es la voluntad de ser útil y contribuir al bienestar de la comunidad.

- Sinceridad. La sinceridad implica expresar nuestros sentimientos y pensamientos tal como son, promoviendo la comunicación honesta y relaciones auténticas.

- Solidaridad. Nos impulsa a involucrarnos en la solución de los problemas de los demás, colaborando de manera desinteresada.

- Tolerancia. La tolerancia como valor significa aceptar las opiniones y actitudes de otros, incluso si difieren de nuestras propias creencias. Es un faro de respeto a la diversidad.

- Voluntad. Es la determinación de esforzarnos por alcanzar metas y cumplir objetivos; indica determinación y perseverancia.

ASÍ FUERON MIS PRIMEROS PASOS

Bueno, ya te he explicado un poco cómo ha sido mi aprendizaje, pero me gustaría profundizar un poco más, para que veas, como te decía, que no todo es un camino de rosas y hay piedras en el camino. Verás, cuando acabé de hacer los cursos, mi primera idea era montar un estudio. Quería salir de la obra porque no me gustaba, estaba ansioso por tatuar todos los días. Me volvía loco cada vez que sonaba el despertador a las 6:30 de la mañana (curiosamente ahora me encanta levantarme a esa hora e incluso antes y aprovechar el día). Me tenía que levantar a hacer un trabajo que no me apasionaba y en el que me sentía atrapado. Un día fui a ver un local con mi madre, estaba cerca de donde yo vivía. A priori, era perfecto; el alquiler era bajo y no había que hacer mucha reforma. Recuerdo que mi madre me animó, me dijo que lo montara; ella lo tenía clarísimo. Me entraron muchas ganas de abrirlo; por fin iba a realizar mi sueño, ser mi propio jefe, ponerme mis horarios, trabajar de lo que me gustaba, etcétera. Pero no era el momento, no estaba preparado todavía. Creo que me hubiera dado un ostión importante. Hubo algo en mi interior que me decía que no era el momento; esa vocecilla me dijo: «José, ahora no, espera un poco, no es la ocasión». Esa voz que tenemos, pero que a veces no queremos escuchar, no es una voz de miedo. Yo siempre he sido muy echado para adelante; lo que se me mete en la cabeza, lo quiero y lo consigo. Pero en ese preciso instante, algo me dijo que parase, que pensara. Esa voz la he escuchado más veces, no es broma, todos la tenemos; es la voz de la intuición. Te habla muy bajito, pero si estás atento y te olvidas del ruido exterior, la escuchas. En una ocasión me salvó la vida. Te lo cuento brevemente. Tenía solo dieciséis años y estaba trabajando con un compañero que tenía 64. Recuerdo que, mientras subíamos aquel día en la furgoneta, me explicaba que solo le quedaba una semana para jubilarse; estaba muy emocionado el hombre. Cuando llegamos a la carretera, a una rotonda exactamente, estaba en obras y había bloques de hormigón en redondo para hacer la forma de la rotonda. Él se puso a picar con un martillo eléctrico el suelo para colocar unas señales después, y yo iba recogiendo el escombro que salía. Estaba oscureciendo y solo nos quedaba un agujero por hacer; paró un momento para descansar y le comenté que iba a recoger el escombro que había quedado del otro lado. Me dijo que lo dejara para el día siguiente, que no molestaba, pero entonces la voz me habló; fue la primera vez que la escuché claramente. Me dijo: «Ve a recoger el escombro». Se lo repetí a mi compañero: «Oye, voy a recoger el escombro», e insistió en que no hacía falta: «De verdad, déjalo que ya lo haremos mañana», me dijo. Quizás él ya intuía algo también, no lo sé. El caso es que la voz de nuevo me habló, me dijo que lo recogiera, así que le respondí que me iba a recogerlo, que era un momento. Recuerdo dar cinco pasos y oír un frenazo. Me giré y vi como el hombre, la máquina y el grupo electrógeno impactaban contra el muro de hormigón de la rotonda; me quedé helado, aun así me acerqué, lo miré y vi que tenía la cara destrozada y el cuerpo doblado; parecía un muñeco. El hombre que le atropelló se bajó de la furgoneta y se puso las manos en la cabeza. A mi derecha, se empezaron a parar los coches que iban llegando. Un hombre se bajó de un coche y se acercó a mí, me preguntó si era mi compañero y le respondí que sí. Me dijo: «Lo siento, chico, pero creo que está muerto». En ese momento, le empezó a sonar el móvil; era un Motorola de aquellos con tapa, de los que le tenías que subir la antena. Me lo quedé mirando. El hombre que estaba a mi lado me dijo que lo cogiera. Se lo saqué del pantalón y descolgué. Era mi jefe, quien dijo: «¿Cómo va la faena?». A mí solo me salió decirle: «Lo… han atropellado, está muy mal; sube, por favor…». El pobre se quedó mudo y cuando consiguió hablar me dijo que se iba directo al hospital a verlo. A las dos horas murió. A mí me cogieron y me llevaron a una oficina de una obra que había al lado; ya no recuerdo más. Esa voz que te decía la he escuchado alguna vez más. No me ha salvado la vida, o quizá sí y no lo sé, pero han sido experiencias muy bonitas. Ahora te cuento, pero sigamos.

Así que muy a pesar, seguí trabajando en la obra. Cuando me llamaba alguien para hacerle algún tatuaje, quedaba con ellos después de trabajar y se lo hacía en mi casa. Algunas veces tenía que perder horas de trabajo porque el cliente no podía venir a la hora que yo plegaba. Te puedes imaginar las caras de mi jefe; lo tenía contento, pero como es un buen tío y veía que estaba ilusionado, me dejaba y me daba bastante libertad. La verdad que en ese aspecto yo tuve mucha suerte. He de decir que muchas veces estaba reventado y no me apetecía mucho tatuar, pero aun así lo hacía, sabía que era la única manera de llegar a mi meta: «Montar mi propio estudio». Tienes que tener muy claro siempre cuál es tu meta, tu objetivo. Tu vida es como si fueras en barco, en avión, en coche o como quieras; tienes que poner en el GPS dónde quieres llegar; si no, jamás lo lograrás.

Como te decía, estuve en casa tatuando, y a veces cobraba 20 € (alguna vez cobré más, pero luego vi que era un error; como ya te he explicado), y otras veces nada, según el cliente que viniera. También tatué a casi toda mi familia, ja, ja, ja, pobres, qué desastres les hacía. Mi primera víctima fue mi prima Sandra. Le intenté hacer una mariposa, pero fue un desastre. Si queréis ver mi primer tatuaje tengo un video en mi Instagram donde podéis verlo.

Después de un tiempo, mi madre me consiguió un sitio en una peluquería donde ella iba. Una de las dueñas tatuaba, pero no le daba la vida, así que le pareció buena idea que yo fuera allí a tatuar para sustituirla; así ella solo haría la micropigmentación. Desde el primer día tuve trabajo, no paraban de llamarme, y cada vez tenía que perder más horas de faena. Además, empecé también con los *piercings*, así que no paraba y encima ahora ya empezaba a cobrar una comisión de lo que hacía. Creo que era un 60 % (nada mal para lo que sabía). Estaba muy contento, por fin todo empezaba a rodar; estuve como un año y medio, pero se me empezó a hacer pesado tener que ir allí y montar todo cada vez que tenía que tatuar. Además, como me había mudado de piso, a otro más grande, ahora tenía una habitación totalmente vacía, así que volví de nuevo a casa. No sé si fue un paso atrás o no, pero el caso es que así lo hice. Estuve dándole vueltas a lo de abrir el estudio, pero no me atrevía.

No fue hasta pasados unos meses que me decidí a hacerlo. Y lo creas o no, volví a escuchar la voz, y varias veces. Iba con mi mujer y mi hijo recién nacido en el coche y pasé al lado de un local que tenía un letrero donde ponían: «Se alquila». Di la vuelta y me paré. Lo estuve mirando y me pareció perfecto, céntrico, había *parkings* al lado, no había que hacer mucha obra (eso creía), etcétera. Volví al coche y mi mujer me dijo que para qué lo miraba. Le expliqué que quería contactar al dueño para saber el precio, que no perdía nada; puso cara de «estás loco». Llamé al dueño del local, y me dijo cuándo lo quería ver. Quedé con él, y me cayó superbién; era un hombre mayor, de unos 70 años. Me preguntó qué quería hacer y le respondí que quería montar un estudio de tatuajes. Curiosamente, el hombre me dijo que era una idea cojonuda, me dio las llaves y me comentó que me regalaba un mes y medio para que pudiera hacer las obras, y que además me dejaba conectarme a la luz del edificio. Me dio unas palmaditas en la espalda y se fue. Me quedé mirando las llaves en mi mano, acojonado, ¡ni siquiera le había dicho que me lo iba a quedar, y ya me había dado las llaves! Pero, la voz me dijo: «Ahora sí José, es el momento». Me quedé dentro mirando el local, y empecé a pensar cómo lo iba a decorar y qué iba a hacer. Cuando llegué a casa hice mis números de nuevo (esto sí que te lo que recomiendo y también te enseñaré como hacerlo). Cogí mi hoja de Excel y calculé cuántos tatuajes y *piercings* tenía que hacer. También disponía del láser para eliminar tatuajes —fui el primero en tener uno en Andorra—, así que ese también era un ingreso. Al principio, tengo que decir que no tiraba mucho porque la gente desconfiaba; no se creían que se pudiera eliminar un tatuaje, y lo entiendo; toda la vida nos han dicho que la muerte y los tatuajes son lo único que es para siempre. Cuando lo compré me costó 17 500 €. Mi mujer casi me mata, pero yo tenía claro que eso era el futuro, es de las pocas veces en que he acertado en algo de verdad; al principio, lo hacía en casa, pero como no tenía éxito empecé a ir a los estudios que había aquí en Andorra, como hizo Will Smith en la película: «En busca de la felicidad», cuando llevaba los láser para venderlos. Así le saque más partido; menos mal porque si no mi mujer me hubiera matado.

Bueno, ya tenía las llaves del local, el presupuesto hecho y hasta el nombre del estudio Pichu's Tattoo. Solo me faltaba comentárselo a mis padres y a mi mujer y ya podríamos celebrarlo…, pero no lo celebramos, porque primero se lo comenté a mi mujer y me dijo que estaba loco, ahí me desanimé un poco. Tengo que decir que esto fue entre el año 2007-2008, en plena crisis. La gente estaba acojonada, así que ella entró en pánico. Fuimos a casa de mis padres, y cuando les expuse mi idea me contaron lo mismo, que si estaba loco, que no era el momento, que me iba a arruinar… Total, que acepté que no era buena idea. Nos fuimos, y llegamos a casa.

Mi mujer salió antes que yo del coche y se fue a casa a cambiarle el pañal al niño y a darle el pecho. Y yo me quedé en el coche cabizbajo y superdesmotivado. Me puse a pensar cómo le iba a decir al dueño del local que al final no me lo quedaba, y salí del coche. Me subí en el ascensor y piqué al tercer piso. Tenía las llaves del local en la mano, las miré y pensé: «¡Qué rabia!, ¡con lo cerca que estaba!». Me miré al espejo, y entonces pasó algo; otra vez la voz. Sé que esto para muchos puede parecer una locura, pero te juro que fue así. Me estaba mirando al espejo y escuché: «Es tu momento, vas a abrir el estudio y te va a funcionar». Sentí una descarga de adrenalina brutal. Salí del ascensor, llegué a casa y le dije a mi mujer: «Olga, lo siento, pero ya he tomado una decisión, voy a abrir el estudio».

Ya te puedes imaginar el disgusto que le di, pero estaba decidido. Pensé: «¿Cuánto vale mi sueño? ¿20?, ¿30?, ¿40 000 €?».

El coche que tenía en ese momento me había costado casi 30 000 €. ¿Y le iba a decir que no a mi sueño por ese dinero? Jamás ¡Ojo, no te digo que lo hagas a lo loco! Tienes que hacer las cosas bien, con calma, a su debido tiempo, pero no te estanques. El agua estancada se pudre, al igual que las ideas o los objetivos; pero hazlo, por Dios. ¡Hazlo!

¿Y si te va mal? ¡No importa! Si te va mal, ya te recuperarás. Solo es dinero. ¿O quieres llegar a viejo, estar sentado en una silla, y pensar: «¿Y si lo hubiera hecho? Quizá me hubiera ido bien...». Entonces estarías muerto en vida. ¿De qué sirve una vida sin riesgos? Sería una vida gris. Dale color a tu vida, arriésgate. Haz cosas que te den miedo... o ¿qué te crees? ¿Qué a mí no me dio miedo? Estaba acojonado, pero no iba a dejar que el pánico me dominara. Ten clara una cosa, la diferencia entre la gente que consigue cosas y la que no, es que las que lo consiguen vencen a sus miedos. Punto. ¿Qué te crees? ¿Que a mí no me acojona escribir este libro y que la gente opine que es una basura? ¡Claro que sí! Pero ¿y qué? Siento que es lo que tengo que hacer. Dios ha puesto en mí este sueño, y yo no soy nadie para contradecirlo. Si tú tienes un sueño, tienes que realizarlo; has venido aquí, a este mundo, por algo. Eres un milagro. ¿Sabes lo que has tenido que hacer para estar aquí? Por favor, mira este vídeo y después continúa leyendo. Se llama: «Eres un milagro», de **Ironic World,** y está en YouTube.

Y bien, ¿lo has visto? ¿Ya te has convencido? Espero de corazón que sí, y que te sirva para alcanzar todos tus objetivos.

Tengo que decir, a favor de mis padres y mi mujer, que inmediatamente después de que me pusiera a montar el estudio y me dieran por perdido, se volcaron y me apoyaron en todo; en especial mi padre, que me ayudó a reformar el estudio. Él es paleta y me hizo una tienda espectacular.

Gracias a eso pude empezar mucho más rápido, y seguro que generé más clientela gracias a ello, porque si tienes un local bonito ya tienes ganado un 50 % del trabajo. Pero, ¡cuidado! solo al principio. Después te lo tienes que currar, si no la gente no vendrá. ¿O tú irías a un restaurante muy bonito donde te pusieran una comida horrorosa? Claro que no.

Así que ahora que tengo la oportunidad, quiero agradecérselo públicamente. Gracias, papá, por esta ayuda a construir (y nunca mejor dicho) mi sueño. A ti mamá, por impulsarme al principio a hacer los cursos de tatuaje, y a ti Olga (mi mujer) por estar siempre a mi lado, aunque creyeras que estaba loco. Os quiero.

Podría seguir contando más historias, pero no quiero cansarte. Son diecisiete años de trayectoria en los que he cambiado de local tres veces, y aún queda mucho por delante. ¡Continuemos!

VENTAJAS Y DESVENTAJAS DE SER TATUADOR

Como en todos los oficios, hay cosas que te gustan y otras que no tanto. Empezaremos con las cosas buenas:

- **Puedes «elegir» el horario que más te guste.** Lo pongo entre comillas porque también deberás adaptarte un poco al horario de la gente, sobre todo al principio. Es verdad que yo ahora mismo elijo el horario que quiero, porque tengo bastante clientela fija, y al final la gente se busca la vida para tatuarse, al igual que para ir al dentista, etcétera. Pero al principio, te aconsejo que empieces como lo hice yo, hacía el horario que me pedía el cliente. Si me decía que solo podía venir a las siete de la tarde lo esperaba, y se lo hacía. Muchas veces salía a las dos, tres, cuatro y cinco de la mañana, ya que al principio necesitas generar una clientela, y la única manera es sacrificándose un poco. Lo que sí haría diferente quizás, es que los días que tenía un tatuaje tan tarde, hubiera descansado por la mañana. Pero no lo sé, a toro pasado es muy fácil hablar. Más que nada porque me perdí casi toda la infancia de mi hijo, y eso no se recupera. El dinero va y viene, pero eso no. Me pudo un poco la avaricia de ganar más.

- **Eres tu propio jefe**. Esto es la leche. Es de las mejores ventajas diría yo, que nadie te caliente la cabeza. Si tienes tu propio estudio puedes hacer lo que tú quieras, cuándo quieras y cómo quieras, y no tienes que dar explicaciones a nadie. Y normalmente, por lo que yo conozco, si tatúas en algún estudio también es parecido. Es verdad que dependes un poco de las normas del estudio, pero en general son bastante flexibles y les dan al artista bastante autonomía. Yo he llegado a tener cuatro tatuadores en mi estudio, y jamás les he dicho lo que tenían que hacer, excepto que no podían fallar al cliente, que tenían que mantener una limpieza, y un respeto a los compañeros, etcétera. Pero eso es algo que igualmente tienes que hacer, aunque seas el propietario del estudio.

- **Puedes hacer vacaciones cuando te dé la gana.** De nuevo, aquí deberás tener cuidado al principio. Yo estuve el primer año sin hacer vacaciones. Es poco, comparado con otros negocios, pues he llegado a oír que llevaban hasta cinco o diez años sin hacerlas. Ahora me voy cuando quiero, aunque como trabajo en lo que me gusta, tampoco lo hago mucho. Bueno, miento, me voy tres a cinco semanas al año, aproximadamente, dependiendo del año, pero sigo trabajando, preparando diseños, haciendo cursos, etcétera. No me gusta parar del todo porque disfruto haciendo esto.

- **Haces lo que te gusta.** ¿Hay algo mejor? Creo que no. Realizar tu propósito no tiene precio. Sin duda, esta es la mayor ventaja de la que puedes gozar. Levantarte cada día e ir a tatuar, a mí me ha cambiado el carácter y la vida en general. Te sientes libre cada día y autorrealizado. Sin duda, es la mejor decisión que puedes tomar.

Seguro que hay muchas más cosas buenas que me dejo, pero te he puesto las más importantes. Ahora, sigamos con las malas. Aunque las haya, el valor de las cosas buenas siempre tiene un peso mayor.

- **La gente te pregunta en cualquier sitio o momento.** Esta es una desventaja. Se puede lidiar con ella perfectamente, pero es molesto a veces. Lo típico, vas por la calle y te dicen que tienen que ir a verte y te preguntan por el precio de un tatuaje; estás en el gimnasio y te dicen que cuánto vale arreglar ese tatuaje que está medio desgastado, etcétera. Pasa en más profesiones, no solo en la nuestra, y es bastante molesto porque te quita tiempo. Tú vas a lo tuyo y la gente no es consciente de que no estás trabajando, pero lo hacen sin darse cuenta. Eso es verdad, te ven como a su tatuador, y no saben separar. Es lo que hay.

- **Problemas de salud.** Tendinitis, cervicalgia, pérdida de visión, etcétera. Tienes que tener mucho cuidado porque casi todos los tatuadores sufrimos de ellas. Debes parar cada veinte minutos o mover los brazos para que se oxigenen los músculos y tendones. También deberías parar cada hora y levantarte para estirarte y descansar un poco. Eso te ayudará además a ver cómo llevas el progreso de tu trabajo y observarás detalles que no verías si estás todo el rato enfocado.

- **Compromiso con tus clientes.** Tienes que ser responsable y serio. Si tienes citas deberás ir a tatuar, aunque te salgan otros planes. A no ser que sea algo muy importante, no te recomiendo que las anules, la gente suele enfadarse mucho con estas situaciones, y más si llevan un tiempo esperando. Quizás ellos también han dejado de lado cosas o han pedido el día libre en sus trabajos y no es plato de buen gusto que te cambien la cita, a no ser, repito, algo muy importante o de fuerza mayor. En mis diecisiete años, solo he faltado al trabajo dos días y era porque no podía estar en pie del «gripazo» que llevaba. Alguna vez he cambiado alguna cita, pero para eventos o cosas muy importantes; por ejemplo, alguna boda o algún cumpleaños, pero salvo casos muy puntuales siempre he cumplido con mis clientes. Lo que sí puedes hacer, y no es grave, es adelantar la cita. Eso ya les cuesta menos porque se pueden tatuar antes, pero no siempre es posible.

- **Te ganas tu propio sueldo:** aquí ya se acabó que cada mes te caiga tu sueldo, trabajes más o trabajes menos. Si no tatúas, no cobras. Fin. Esta es la parte donde te das cuenta de cómo piensa un empresario cuando sus trabajadores no cumplen, y logras ponerte en su lugar. Así que ya sabes, piénsalo bien si quieres ser tatuador, porque tendrás que currar para sacarte un sueldo a final de mes, y algo más también para pagarte tus vacaciones.

- **Gastos asociados**: impuestos por autónomo, material, máquinas, etcétera. Tendrás gastos cada mes y deberás ahorrar una parte (te aconsejo un 15 %) para pagar todo eso, y crear un colchón de seguridad de seis meses como mínimo por si tienes algún imprevisto, y te aseguro que siempre los hay.

Ahora, ya puedes valorar si te compensa seguir adelante o bien seguir tranquilo y seguro (pero amargado) en tu puesto de trabajo.

¿CUÁNTO GANAMOS LOS TATUADORES?

Respuesta rápida, entre 0 y 100 000 € al mes. Aquí, como en todo, hay matices. No se puede generalizar, de media los tatuadores solemos estar generando entre 3000 € y 5000 € al mes en Andorra. ¡Pero, cuidado! Eso no es lo que ganamos. De ahí le tienes que descontar la seguridad social (540 €), el material (150 €), la comisión del estudio (30-40 %) o los gastos de tu local (3500-4000 € al mes). Así que al final nos queda un sueldo de unos 1600 a 3000 €, que ¡ojo!, no está nada mal por hacer lo que te gusta. Pero los 3000 € los ganas echándole horas, como cualquier otro trabajo. La gente tiene una idea errónea de lo que ganamos los tatuadores, y muchas veces es menos que en cualquier otra profesión. Piensa que además del trabajo en el estudio, también hay un trabajo fuera: contestar mensajes, preparar diseños (si eres de los que lo preparan antes), pedir material, etcétera. Al final haces más horas que en cualquier trabajo fijo de ocho horas diarias.

Por supuesto, puedes ganar más; yo lo he ganado, ha habido meses que he llegado a ganar 5000 € limpios, pero a cambio de hacer jornadas interminables. Empezando a las nueve de la mañana y saliendo a las tres o cuatro o cinco de la madrugada, dejando a mi familia y mi salud de lado. Sinceramente, no vale la pena. Al principio estaba muy motivado, y me volví codicioso, pero si pudiera volver atrás, seguramente priorizaría a la familia y la salud. Además, te acabas quemando y algo que te entusiasmaba pierde de repente todo el sentido. Te ves tatuando a veces desmotivado y sin ganas, por no hablar de los errores que cometes por saturarte en exceso. Por eso nunca recomiendo que empieces a tatuar por dinero, porque acabarás quemado. El dinero en sí no tiene ningún valor.

Tiene que venir acompañado de hacer algo que te guste, que te haga sentir realizado.

Te tiene que apasionar, y te tiene que nacer desde dentro. A mí, desde pequeño, me gusta dibujar, por eso sabía qué era a lo que me quería dedicar.

Querido lector, si estás leyendo este libro para ser tatuador solo por dinero, deja de leer aquí ahora mismo y regala o comparte este libro con alguien a quien sí le apasione este oficio. ¡Atención! No te estoy diciendo, ni mucho menos, que porque no hayas dibujado desde pequeño ya no tienes derecho a ser tatuador o que no sea tu vocación, ¡Para nada! No me malinterpretes; pero si vas a hacerlo, olvídate del dinero y respeta este noble arte. Conviértete en un buen profesional, y el dinero ya llegará, es una consecuencia del trabajo bien hecho.

Me gustaría explicarte también qué sistema utilizamos los tatuadores para cobrar por nuestros tatuajes. El primero sería por horas; esta es la forma que aplico yo cuando tatúo realismo. Empecé cobrando 60 € la hora y ahora estoy en 120 €. He subido una media de 10 € cada dos años. Esta manera de cobrar me permite tatuar tranquilo y sin prisas, y le da libertad al cliente para gastar lo quiera en cada sesión. Por ejemplo, si cada mes puede gastarse 240 €, le hago dos horas al mes y listo (o una hora o lo que él quiera). Para mí es mucho más fácil y evito tener que pasar presupuestos fijos, que son imposibles de calcular. Como mucho, les puedo pasar una referencia de cuántas horas aproximadamente va a durar, pero es algo que muchas veces simplemente es imposible acertar, ya que cada tatuaje y cada persona es un mundo, y tu piel no es la misma que la de otra persona. Así que es algo orientativo.

Sin embargo, sí que doy precio cuando el tatuaje es pequeño y no es realismo, porque me es más fácil calcularlo. Te enseñaré en el siguiente capítulo a calcularlo de una manera fácil. Mi precio mínimo es de 80 € (en 2025). Ese es el precio base, desde ahí hacia arriba.

Otra cosa muy importante que me gustaría que entendieras es que tu precio debe ir creciendo siempre. No tiene ningún sentido que te pongas a tatuar más barato que tu vecino, porque al final entras en una espiral en la que acabas perdiendo dinero y ya no puedes continuar. Como expresó Raimon Samsó: «Como en cualquier otra guerra, todos pierden». Lo que tienes que hacer es destacar por ser un mejor tatuador y subir los precios conforme vayas mejorando, nunca al revés. Deja a otros las ventas por precios.

No es ni medio normal que hace veinte años el mínimo fueran 60 € y que ahora haya gente tatuando por 20 €. Prácticamente no les llega ni para el material.

Al principio de este capítulo te decía que hay tatuadores que ganan 100 000 € al mes. Pero ¿es esto real?, pues la verdad es que sí. No sé la cantidad exacta, pero hay tatuadores que se lo han montado muy bien y solo tatúan a estrellas y famosos. Van a sus casas y les pagan unas fortunas. Algunos ni siquiera son excelentes tatuadores, simplemente se lo han montado bien, y la verdad me alegro por ellos. Así que, si eres espabilado, sabes estar en el lugar adecuado en el momento adecuado, y le pones ganas y esfuerzo puedes hacerte millonario tatuando. ¡Ahí voy!

CÓMO CALCULAR EL PRECIO DE UNO O VARIOS TATUAJES

¡Vale! Te voy a dar mi fórmula secreta para calcular el precio de un tatuaje. El de varios a la misma persona, y cuando vienen dos, tres o más personas a hacerse el mismo diseño.

Calculo el precio basándome en varias cosas: el tiempo que voy a tardar en tatuarlo, si tengo que hacer el diseño yo o, por el contrario, ya me lo traen (por ejemplo, una escritura o una firma de alguien), y por las agujas y pigmentos que voy a necesitar. Empiezo a partir de 80 € si es una palabra pequeña fina, por ejemplo, en la que solo voy a utilizar una aguja. Si lleva otro color, le añado 10 € más; si además le tengo que hacer alguna sombra y usar otra aguja, 10 € más. Si la misma persona se quiere hacer varios tatuajes, saco la calculadora, lápiz y papel y lo hago de la siguiente manera:

Primero calculo el precio del tatuaje principal o el más grande:

- Principal–Tatuaje más grande: 110 €

- Secundario–Rayo: 80 €

- Secundario–Palabra: 80 €

TOTAL: 270 €

Después le hago un descuento de 30 € en los tatuajes secundarios (más pequeños). ¿Por qué 30 €? La razón es porque antes lo hacía de esta manera con mi mánager (un saludo, Noe). Apuntaba en un papel el precio que pensaba, y ella me decía el suyo, y comparábamos. En algunas ocasiones no coincidíamos, así que hacíamos la media, pero muchas otras sí. Así que pensé que si estábamos de acuerdo tantas veces era porque tenía que haber algo que calculábamos mentalmente y no sabíamos. Tenía que haber un sistema o una fórmula que funcionara, y se me ocurrió probarlo así. Después hicimos la prueba. Yo calculaba el precio con la fórmula y ella me decía lo que pensaba, ¡y teníamos la misma opinión muchas veces! Así que esa es la explicación. Supongo que esperabas una fórmula matemática milagrosa, pero no. Espero no haberte defraudado. 😅

Y la fórmula quedaría así:

- Tatuaje más grande: 110 €

- Palabra: 80 € - 30 € = 50 €

- Rayo: 80 € - 30 € = 50 €

TOTAL: 210 €

Ahora, veamos cómo lo haría con varias personas y el mismo tatuaje, exactamente igual —mismo tamaño, etcétera—. Si hay modificaciones, el precio varía porque es más trabajo:

Tatuaje rayo: € 80 (este sería el precio si solo fuera una persona):

- 2 PAX: 70 € cada uno

- 3 PAX: 70 € cada uno

- 4 PAX: 60 € cada uno

A partir de la cuarta persona a 60 € cada uno. ¡Menos, imposible! Sí, lo sé, te he dicho que nunca bajes los precios, pero en este caso en concreto mi opinión es diferente, porque estás repitiendo el mismo tatuaje y te estás ahorrando el tiempo de preparación que necesitarías si fuera distinto. Así que creo que es más justo si lo haces así. Piensa, además, que estos son los mejores tatuajes a nivel económico porque los haces rápido y sin complicaciones.

¡Ojo! Si el rayo cuesta 90 € porque lleva sombra, color, es más grande o lo que sea, entonces la fórmula sería la siguiente:

Tatuaje rayo: 90 € (este sería el precio si solo fuera una persona):

- 2 PAX: 80 € cada uno

- 3 PAX: 80 € cada uno

- 4 PAX: 70 € cada uno

A partir de la cuarta persona, 70 € cada uno, y si fueran más podrías valorar incluso rebajarlo a 60 €, pero, como te he dicho, siempre y cuando los diseños sean iguales.

También hay matices, como por ejemplo cuando son clientes muy fieles y que dejan mucho dinero. Entonces les hago descuentos en alguna ocasión e incluso he llegado a regalarles algún tatuaje, la crema, etcétera. Pero eso lo tendrás que valorar tú, según cada persona. No te recomiendo que lo hagas siempre, pero de vez en cuando hay que ser agradecido y no pensar solo en ingresar. Al final, hay clientes con los que coges mucha confianza y cariño, y te sabe mal cobrarles por todo siempre. También puedes aplicarle un descuento por cliente recurrente y te olvidas de regalar e historias; por cierto, esto último me lo voy a aplicar a mí mismo.

Otro método que usan algunos tatuadores es simplemente cobrarte por día completo o medio día. Te dicen que te hacen lo que quieras en ese tiempo y ya está. A mí, personalmente, no me gusta este método, pero esto ya tendrás que valorarlo tú mismo y buscar lo que mejor se adapte a ti.

Y un último consejo: si das un precio y, cuando lo tatúas, ves que te has pasado y que vale mucho menos, rebaja el precio. Esto no es restarle importancia a tu trabajo, sino que, en mi opinión, es una cuestión de ética profesional. Al final, el cliente no es tonto, y saldrá a la calle con su tatuaje nuevo, le preguntarán por el precio y, si ve que le has engañado, se enfadará. Como no puede ser de otra manera, si le rebajas el precio te lo agradecerá y seguramente volverá y te recomendará. Recuerda tener valores y ser honesto con tu clientela.

BUENOS CLIENTES VS. MALOS CLIENTES ¿CUÁL ES EL CLIENTE IDEAL?

Tienes que descartar los clientes que te mareen, regateen, falten a las citas, pidan fiado, etcétera. No sirven. Estos clientes lo único que van a hacer es que te enfades con ellos y pierdas tiempo y energía. Te lo digo por experiencia.

Los que te vengan pidiendo diseños, que te dejen una paga y señal primero antes de ponerte a dibujar. Mucha gente, aunque no creo que lo hagan malintencionadamente, piensan que los tatuadores nos estamos tocando los huevos todo el día, esperando a que alguien nos diga que les dibujemos algo. A veces me dicen: «Cuando tengas tiempo, mírame un diseño y ya me dices». Ja, ja, ja, ja. Cuando tengas tiempo, dice… Directamente les contesto que no, que los diseños los preparo el mismo día que tatúo, y que la persona tiene que estar delante para que me vaya diciendo qué le gusta y qué no. Al principio, los hacía por adelantado, y cuando llegaba el cliente se lo enseñaba. Pero me di cuenta de que dibujaba dos, tres y hasta diez veces más, porque no les gustaba alguna cosa del diseño o querían cambiar casi todo el diseño, o peor aún… ¡Habían cambiado totalmente de idea! Así que decidí hacerlo al momento. Hay clientes que se enfadan o no lo entienden, y te dicen que necesitan verlo antes. Yo les digo que lo van a ver, que estén tranquilos y que les haré los diseños que haga falta cuando ellos estén delante, aunque al principio cuesta un poco, porque te pone nervioso que te estén mirando mientras trabajas. Pero tranquilo, con el tiempo se te pasa. También puedes recoger la información que te dan. Te apartas a una sala y les dibujas, pero esto ya es un poco contradictorio, así que no te lo recomiendo. Si se ponen muy cabezones y te dicen que ellos tienen que ver el diseño sí o sí, como me ha pasado en alguna ocasión, les cobro 150 € por adelantado, y se les descuenta a la hora de hacer el tatuaje. Si hay modificaciones, se cobrará un poco más por el tiempo perdido. Aquí ya muchos se lo piensan antes de pagar, lo que te deja ver ya un poco las ganas que tiene de hacérselo, o de hacerlo contigo, porque hay gente con mucha cara que te pide un diseño y después se va a otro tatuador más barato, y se lo hace allí. Pero, al final, este tipo de cliente no te interesa. Créeme, es mejor tener 100 clientes buenos que 500 entre buenos y malos.

Después tienes los que te regatean, estos son los peores. Te dicen: «Hazme precio que me voy a hacer unos cuantos contigo»; y yo les digo: «Hazte muchos y te haré precio conforme vayas viniendo». Yo no me imagino a la gente (al menos aquí en Andorra) yendo a la tienda a por un Iphone y decirle al hombre que se lo rebaje, que va a volver a comprarse el siguiente que saque Apple. Pero, para una cosa que es para toda la vida, sí que lo hacen y se quedan tan anchos. Es de locos, ¡es el mundo al revés! El cliente bueno buscará la calidad antes que el precio, así que si te vienen regateando, no te rebajes. Les dices con educación que ya les has dado el mejor precio que has podido y listo. Si no se lo hacen, no era tu cliente. Y punto. Ya volverá a que le arregles el desastre que le hizo el que se lo hacía más barato. Más de una vez he tenido que lidiar con esto. Y aquí, a veces se lo he intentado arreglar, y otras pues no se ha podido, lamentablemente. Y encima, les he tenido que cobrar más porque tiene más dificultad arreglar un tatuaje mal hecho que empezar uno nuevo. Lo peor es que hay gente que no escarmienta y le pasa una y otra vez. Pobres diablos, después van con el mejor móvil, la mejor ropa, etcétera… ¿En qué momento hemos perdido la cabeza los seres humanos?

Están los que faltan a las citas. Aquí hay de dos tipos, los que son un desastre y se olvidan, y los que se cagan en el tiempo de la gente y les da igual, solo miran su ombligo. El primer tipo de gente son clientes que se tatúan siempre contigo, no te regatean, son buena gente y no tienen maldad. A estos los perdono y les envío un mensaje un par de días antes para que me confirmen si vendrán o me anulan la cita, y problema resuelto. El segundo tipo son unos impresentables. Si no les pides paga y señal no se presentan, no te avisan, o te dicen un día antes que sí que vendrán, pero luego no aparecen. Te cogen hora para el mismo día y no vienen, son unos mareantes que van en busca del mejor precio. Seguramente encuentran a alguien que lo hace en casa «más barato» y ya ni se acuerdan de ti. Esto es más común de lo que parece. A veces, incluso pidiendo la paga y señal, no aparecen, y, por supuesto, si no lo hacen, pierden el dinero; eso está claro. Por cierto, si pides paga y señal, debes darle un papel donde ponga que si no acuden a la cita y no han avisado con 24-48 horas, o las horas que tú quieras, han perdido la paga y señal, para evitar malentendidos y problemas.

Y aquí te dejo el nombre de esas personas: XXXXXXXXXXXX, ja, ja, ja, ja... Cómo me gustaría poner ahora los nombres, pero me meterían en la cárcel, seguro.

Por último están los que te piden fiado. No sé si se dice así en más países, pero espero que se entienda. Estos son los que más problemas me han dado. He perdido clientes, salud y tiempo por este tipo de gente. Lo peor de todo es que, encima, después van contando su historia por ahí, y no sé si la gente los creerá, pero te van creando mala publicidad. Si no tienen dinero, no les tatúes. Un tatuaje es un «artículo» de lujo, no algo de primera necesidad. Podrías pensar que si les dices que no, perderás una venta, pero la venta está ya perdida igualmente y encima vas a trabajar gratis. Créeme, es una mala decisión tatuar sin cobrar. Piensa si alguien de tu entorno lo hace (bares, mecánicos, etcétera), y pregúntales qué tal les ha ido con ese tipo de gente. Hay historias para no dormir. Te podría contar muchas, pero la más grave fue con una persona que yo creía que éramos amigos por la confianza que teníamos y por las veces que había venido a tatuarse. Resulta que había una convención en Ámsterdam a la que yo pensaba ir, y me dijo que, si yo iba, él también se apuntaba. Le estaba tatuando y le respondí que sí, que por mí encantado. Me dejó a deber esa cita y volvió al cabo de dos meses a tatuarse, pero no me pagó tampoco esa sesión, y además me dijo que pagara los vuelos para ir a la convención. Tonto de mí, así lo hice. Al cabo de un tiempo, lo llamé para decirle que había que pagar el hotel, y me contestó que lo hiciera yo. Un poco molesto, le expliqué que no podía porque había tenido muchos gastos ese mes y no me iba bien. No se lo tomó muy bien (el malo soy yo, obvio), y me dijo que me traería el dinero para pagar los vuelos, el hotel y los tatuajes. Pero no apareció. Le llamé para decirle que no podía esperar más e iba a reservar el hotel sin él, porque los precios estaban subiendo conforme se acercaba la fecha. Me insistió de nuevo en que hiciera la reserva y que él me lo pagaba seguro, pero le dije de nuevo que era imposible. Así que llegó el día de irnos. Habían pasado seis meses desde que me dijo que me iba a pagar, hasta ese día. Y cuando volvimos, vino a la tienda, me tiró el dinero de los tatuajes a la cara y me dijo algunas barbaridades. Le contesté que perfecto, pero que faltaba el dinero de los vuelos (ida y vuelta), que había pagado su plaza, y me lo tenía que pagar. Me dijo que si estaba loco. Me quedé de piedra; estaba muy enfadado con él y después me enteré de que iba contando su versión. Así que le denuncié, y el juez me dio la razón, y tuvo que pagarme los vuelos. Lo que más me dolió es que pensaba que éramos amigos. Nos llevábamos muy bien, nos reíamos e incluso llegaron a grabarnos juntos para una entrevista porque quería que saliera él en ella mientras le tatuaba. Me equivocaba. Los amigos, al menos los buenos, te pagan al contado, no te regatean, te traen gente y te respetan. Eso es un amigo, y yo lo aprendí ese día. Así que mi recomendación de nuevo es: «por favor, NO fíes a nadie, ni siquiera a los que ya hayan venido muchas veces. Te evitarás muchos problemas y disgustos».

Y los buenos ya te los he contado. Son los que se tatúan mucho contigo, les gusta tu estilo y cómo lo haces, y son buena gente. El resto son manzanas podridas, y si no quieres que se pudran las otras también, tienes que detectarlas y sacarlas de tu vida.

COSAS QUE «NO ME GUSTAN» DE LOS CLIENTES

A ver, no se me ofendan mis clientes porque algunas cosas de las que digo aquí se repiten muchísimo. Así que no se lo tomen a lo personal; si alguien se siente identificado es pura coincidencia. Por ejemplo, algo que se repite mucho y muy común es el que te cuenta el chiste de recopla. Por si alguien no lo sabe, dice así:

«Un amigo se tatuó recopla en el pito, y cuando se le ponía dura ponía: Recuerdo de una noche de amor y luna en la ciudad de Constantinopla». A ver, el chiste tiene su gracia, pero me lo han contado tantas veces que lo odio, con todo mi corazón. Te lo cuentan y te quedas ahí parado pensando si decirle que me lo han explicado un millón de veces o intentar sonreír, es duro, ja, ja, ja, ja. Es como si a un médico le cuentas chistes de médicos, ¡se debe saber la mayoría! Así que ya sabes, si no eres tatuador y estás leyendo este libro: ¡NO le cuentes chistes de tatuadores a un tatuador! se los sabe todos. Después también están los míticos programas de tatuajes, ¡qué aburridos! No sé si es porque como estoy todo el día viendo tatuajes que me he cansado o qué, pero me parecen terribles la mayoría, y los clientes vienen y me cuentan las hazañas de los tatuadores y de las tonterías que se hacen algunos a altas horas de la madrugada, etcétera. No me gustan. Creo que dan una imagen irreal del mundo del tatuaje. Son puro espectáculo, y lo que hacemos nosotros es arte; pero cada uno puede hacer lo que quiera y ver lo que quiera, por supuesto.

Después están las típicas frases de los clientes; por ejemplo, cuando se lo marcas y te dicen: «¡Ya está, ya me puedo ir!», o cuando no has acabado todavía, pero te dicen: «A mí ya me gusta así». Pero estas cosas todavía son tolerables, lo que no lo es tanto, y ahora me pongo muy serio cuando me lo hacen, es -por ejemplo- cuando vienen acompañados y les dejo entrar juntos y opina más la persona que no se lo va a hacer que la que sí. En esos casos uso la técnica de evitar al acompañante, y le pregunto a la persona que se va a tatuar si le va gustando el diseño, etcétera. Sé que lo hacen con la mejor intención, pero no se dan cuenta de que el tatuaje no es para ellos, y que para gustos colores, así que la última palabra la debe tener siempre el cliente.

Una vez vinieron dos hermanas. Empecé a preparar el diseño, y cuando lo tenía prácticamente acabado, la que no se tatuaba, empezó a decirme cómo tenía que hacerlo. Yo le iba preguntando a la hermana si lo quería realmente así. Ella al principio decía que sí, que su hermana tenía mejor gusto que ella. Lo fui modificando y preguntando si estaba segura, hasta que la hermana se enfadó, y me dijo que ella le aconsejaba para que quedara lo mejor posible el tatuaje. Yo le contesté que me parecía muy bien y muy correcto, pero que el tatuaje era para su hermana, y no te imaginas lo que pasó. La que se iba a tatuar, me dijo que le gustaba más el primer diseño. La queríamos matar los dos; la hermana porque en parte me dio la razón, y yo porque me mareó con un diseño que estaba perfecto desde el principio. En fin, no te dejes mandar, o si lo prefieres no dejes entrar acompañantes. Te ahorrarás problemas, aunque yo no soy capaz, la verdad. Ahora sé ponerme serio y decir las cosas con educación; y ya no me ha vuelto a ocurrir ninguna situación desagradable como esa.

Tampoco me gusta cuando no vienen aseados. Creo que es de muy mala educación y falta de respeto, además de una cochinada, irse a tatuar sin ducharte o asearte. Es muy desagradable cuando la gente huele mal, y te hacen pasar un mal rato. Alguna vez he tenido que ponerme la mascarilla por el olor. Sobre todo cuando vienen a hacerse cosas en los genitales. No te cuento lo que he llegado a ver porque vomitarías. Realmente no entiendo a la gente. Esa falta de empatía y vergüenza, sabiendo que vas a un sitio donde vas a estar un buen rato. En fin, hay gente para todo. Seguramente ellos no leerán este libro, pero si lo hacen, por favor, lavaros antes de haceros un tatuaje, *piercing* o lo que sea. Gracias.

La impuntualidad también es algo que, al principio, me molestaba mucho. Pero, yo también he tenido situaciones en las que he hecho esperar a un cliente por calcular mal el tiempo; así que no sería justo recriminarles a ellos cuando llegan tarde. Ahora doy más margen entre clientes para no tener este problema. Lo que sí me molesta más es que fallen sin avisar, o que fallen repetidas veces. Yo tengo mucha paciencia, quizá demasiada, y doy muchas oportunidades si lo hacen, pero todo tiene un límite. A la tercera vez que me dejan colgado, los pongo en la lista negra. Algunos han intentado que les diera otra oportunidad, y lo que les digo es sí, pero con la condición de que me paguen por adelantado. Nunca aceptan, así es el compromiso que tienen. Al final, lo que no se dan cuenta es que se están perjudicando ellos mismos porque se están cerrando puertas. En mi opinión, cagarse en el tiempo de la gente es de las peores faltas de respeto que existen. El tiempo es lo único que no puedes comprar y, sin embargo, hay gente que se cree con el derecho de robártelo, y después encima se ofenden cuando no les das más citas. Te aconsejo que evites este tipo de clientes cuanto antes; créate en Excel una lista negra donde pongas nombre y apellido, teléfono y las veces que te van fallando, así si un día te reclaman podrás enseñarles y explicarles el motivo de por qué no les atiendes. A mí esto me ha quitado muchos dolores de cabeza. Cuando te vienen y te dicen que por qué no les atiendes, les argumentas: porque este día no viniste, este otro tampoco, etcétera. Y no te pueden rebatir nada.

¿CUÁNTOS CLIENTES DEBES AGENDAR UN MISMO DÍA Y CÓMO CALCULAR EL TIEMPO QUE NECESITAS CON CADA UNO?

Este es un tema que a mí me trajo muchos dolores de cabeza y tensiones, hasta que entendí que el día tiene 24 horas y que no eres Superman. Por mucho que quieras tatuar a todo el mundo no puedes; el tiempo es limitado y lo más importante: este trabajo requiere paciencia y tiempo. Tatuar necesita un tiempo de preparación del diseño y de ejecución. Como quieras hacer más de la cuenta fallarás, quedarás mal con los clientes porque se te juntarán las citas y se te atrasará el trabajo. ¿No te pasa cuando vas a un médico y te hace esperar una hora y te enfadas? Vale, pues lo mismo con un tatuador. Yo he tenido fallos gravísimos, de hacer esperar dos horas a un cliente e incluso más, y tener que aplazar la cita de la noche y acabar a las mil. Esto no te lo puedes permitir de nuevo, es mala publicidad, mala reputación; así que te voy a explicar cómo deberías hacerlo. No es infalible y necesitarás tiempo y experiencia para saber exactamente cómo gestionarlo, pero estoy seguro de que te puede ayudar.

- **Primero**: si el tatuaje es pequeño, como por ejemplo una palabra en la muñeca o similar, debes calcular el tiempo de preparación. Normalmente son 30 minutos aproximadamente, y el tiempo de ejecución otros 30 minutos (si tú tardas más, añádele lo que consideres). Esto nos da una hora. Ahora añádele preparar el carrito o mesa de trabajo, otros quince minutos. También has de contar con el *transfer*. Suele ser rápido, pero se te puede complicar en ocasiones (a menudo, diría yo), otros quince minutos de media. Y por último, pon otros 30 minutos de imprevistos. Esto te da unas dos horas para un tatuaje pequeño. Aquí un tatuador experimentado me diría que él en dos horas te hace cinco tatuajes, y es verdad, pero yo prefiero ganar menos y dedicarle más tiempo. Además, si tienes buenos precios no te importará que te sobre tiempo, te lo aseguro. Como te comenté, yo por un tatuaje así cobro 70 €; si hago cuatro tatuajes pequeños al día estoy facturando 280 € diarios. Si lo multiplicas por 22 días, te salen unos 6000 € (recuerda que hay que descontar gastos). No sé a ti, pero a mí me parece que está más que bien.

- **Segundo**: tatuajes medianos. Aquí la cosa se complica un poco más. Estos, para mí, son los más complicados, porque los grandes, como te enseñaré después, son bastante sencillos en comparación a estos. Empezaré explicándote qué es un tatuaje mediano. Para mí sería un tatuaje que dura entre dos y cuatro horas. ¿Y cómo lo calculas? Bueno, pues esto te lo dará la experiencia (si dudas, considéralo grande, por si las moscas). En este caso, yo me guardo una mañana entera o una tarde, preferentemente la tarde, ya que en caso de que haya calculado mal el tiempo u ocurra algún imprevisto, tengo la noche para acabarlo. He de decir que es muy raro que esto me ocurra, y tú con el tiempo también sabrás calcularlo perfectamente de igual manera, pero calcular el tiempo de un tatuaje creo que es lo más difícil, y nos pasa a todos los tatuadores, que muchas veces tiramos por lo bajo. Subestimamos el tiempo que nos llevará realizarlo, y a veces nos equivocamos. Un «truco» que utilizo es preguntarle a mi mánager cuánto cree ella que tardaré en realizarlo. Muchas veces acierta, obviamente porque tiene experiencia, y porque desde fuera a veces se ve más claro.

- **Tercero**: por último, los tatuajes grandes. Aquí no dudo. Les doy el día completo a mis clientes y les aviso que si no se puede acabar tendremos que agendar otro día. Es importante que les digas que quizá no puedes acabarlo, porque si no te puedes sentir obligado a terminarlo, y no es de buen gusto ni recomendable, ya que se lo acabarás con prisa y el resultado no será óptimo. Al principio, puedes hacer lo mismo con un tatuaje mediano y darle un día entero al cliente, y si te sobra tiempo pues mejor, ya lo emplearás en dibujar o en lo que tú quieras.

Seguramente hay otras maneras de calcularlo, y cada tatuador te dirá la suya. Prueba la que más te guste y te funcione, y aplícala. Al final, no se trata de que hagas todo lo que te digo al pie de la letra. Esto solo es una guía para empezar, y ya la irás moldeando a tu manera de trabajar.

¿QUÉ HACER SI TE EQUIVOCAS? TODO TIENE SOLUCIÓN, MENOS LA MUERTE

Estos son de los peores días de tu vida, sin duda alguna. ¿Has oído esa frase de «Tierra, trágame»? Pues es lo que te gustaría que te pasara. Si eres un mínimo profesional te esperan días malos, y creo que es inevitable. Es como los motoristas; dicen que solo hay dos tipos: «Los que se han caído y los que se van a caer». Pues esto es lo mismo: «Solo hay dos tipos de tatuadores, los que se han equivocado y los que se van a equivocar». De verdad, no le des más vueltas y asúmelo, en todos los trabajos nos equivocamos, somos seres humanos, y hay días que simplemente no estamos al 100 %. Solo podemos solucionarlo, pero el problema es que en un tatuaje no hay vuelta atrás; en otras cosas tampoco, no me malinterpretes. Así que toca arreglarlo, y para eso necesitarás una cosa maravillosa llamada láser. Si, así es, cuando me he equivocado, he hecho láser. Es doloroso aceptar que la has cagado y mucho más tener que decírselo a tu cliente, pero tienes que hacerlo y proponer esta solución. Se lo borras o lo aclaras, y pasado un tiempo (largo) se lo arreglas. A veces es verdad, puedes hacer algo para disimularlo, pero vigila, porque podría ser peor el remedio que la enfermedad.

Igual pensabas que te iba a dar un truco mágico para poder arreglarlo, pero lamentablemente no es así. Siento decepcionarte, ojalá lo hubiera, a mí me hubiera ahorrado pasar malos ratos, lo que te explico en el capítulo **«Fallos y errores que he cometido»**. Así que nada, sigamos con el siguiente capítulo que seguro te va a encantar, ya que esto es de las cosas más ilusionantes cuando estamos empezando.

QUÉ MATERIAL COMPRAR SI ESTÁS EMPEZANDO

¡Qué bien! Qué ilusión te hace cuando te llega el nuevo material a casa y lo abres. Te quedas mirándolo y pensando en lo bien que lo vas a hacer, las obras de arte que realizarás, los países que vas a visitar «haciendo *guests*», las convenciones a las que irás… Bueno, bueno, calma. Poco a poco. Empecemos por ver qué te vas a comprar, y aunque hoy en día es difícil equivocarse, porque casi todas las máquinas van bien, no es imposible.

Lo primero que tienes que decidir es qué máquina vas a comprar al principio, y a no ser que hayas hecho algún curso, vas a estar un poco perdido, así que te dejo un enlace a un vídeo en mi canal de YouTube: **«¡El kit esencial para tatuar que necesitas!»**, para que compres lo que para mí es el kit perfecto para empezar si tienes poco dinero.

Pero bueno, lo primero que necesitas saber es qué presupuesto tienes para hacer un listado, y ver lo que te puedes permitir y lo que no necesitas. En mi opinión una máquina tipo pen sin cables es lo más importante, ya que es la herramienta principal. Es relevante que la compres sin cable, sobre todo para evitar peso extra y ahorrarte la fuente y el pedal, que son muy engorrosos y te van a dificultar sobremanera el aprendizaje; es como ir en un coche con marchas o uno automático cuando estás aprendiendo ¿Qué prefieres?

Y ahora me dirás: «Vale, José, pero si no quiero comprarme un kit de esos que me propones, ¿qué máquina debo comprar?». Pues si te quieres gastar un poco de dinero en una cara, cosa que no te aconsejo al principio (sobre todo porque según el estilo que vayas a hacer necesitarás una u otra), yo te aconsejo que empieces con la Ambition, o si la quieres un poco mejor todavía la Dragon Hawk. Son una pasada de máquinas; el precio suele rondar los 150 € la primera, y 250 € la segunda. Las puedes encontrar en Amazon y algunos distribuidores. La Ambition tiene un *stroke* de 3,5 mm. Sirve para hacer líneas sencillas de 3 rl hasta 9 rl, y algún sombreado o color. La Dragonhawk lo bueno que tiene es un *stroke* regulable que va desde 2,4 mm hasta 4,2 mm.

¿Y el *stroke* qué es y para qué sirve? Pues es un regulador del que sale la aguja, y sirve para sacarla según lo necesites. Por ejemplo, para hacer una línea necesitarás un *stroke* de 3 a 3,5 mm más o menos, y para una sombra suave a mí me gusta hacerlo con el *stroke* a 2,4 o 2,7 mm como mucho; me queda una sombra más suave y limpia. ¿Se puede hacer lo mismo con un *stroke* de 3,5 mm fijo? Sí y no. Si tienes mucha experiencia lo puedes llegar a hacer, pero es muy complicado y requiere que estés siempre concentrado en eso y no clavar demasiado, ya que te quedaría un sombreado muy marcado o sucio como se suele decir. Es como si vas a la montaña con un coche normal… ¿Se puede ir? Sí, pero tienes que ir con mucho cuidado de que no toque debajo. Es mejor un 4 x 4. Lo mismo sucede con las máquinas, cada una está diseñada para cumplir su función.

Con estas dos máquinas ya puedes hacer lo que quieras, entre comillas, porque, por ejemplo, para hacer un *blackout* son bastante delicadas. Para eso ya deberías usar una de bobinas o una rotativa potente, y aquí sí te aconsejo ya gastarte más dinero, pero bueno, como no creo que tu idea sea empezar a hacer *blackouts*, con estas tienes más que suficiente. De hecho, son las que utilizo yo después de haber probado muchísimas. Por cierto, este estilo no es para nada fácil de tatuar. Te lo digo por si se te ha pasado por la cabeza empezar por ahí o por si te lo piden. No lo hagas, en serio, necesitas primero aprender la técnica.

Si decides comprarte el kit que te he aconsejado, tienes que tener mucho cuidado con las tintas. Bueno, de hecho, las tienes que tirar a la basura si pretendes tatuar a alguien con eso, a no ser que te lo quieras cargar; en ese caso, utilízalas. Las tintas que te vienen en estos kits son muy peligrosas, porque pueden causar muchas alergias y problemas graves, así que solo deberías utilizarlas para practicar en piel sintética. Aquí sí te voy a pedir que te gastes dinero, aunque no son caras y te duran mucho, las amortizas más que de sobra. No seas tacaño en esto e invierte; además, tus tatuajes quedarán mucho mejor. Ten mucho cuidado con las que venden en Amazon, Aliexpress y otros sitios de estos porque hay muchas falsificaciones. Lo mejor es comprar en tiendas especializadas, ya sea en un distribuidor en tu país u *online*. No te voy a aconsejar ninguna marca, porque todas son buenas. Además, si estás en Europa han prohibido la mayoría, así que tendrás que usar tintas homologadas, ya que las multas son muy gordas. Si vas a hacer tatuajes solo en blanco y negro, es suficiente con que compres un bote de tinta negra, y con un bote de diluyente tipo Witch Hazel u otra marca puedes hacer los *sumis* (sombreados). Es muy fácil, y encima te ahorras dinero y el espacio que ocupan los botes.

Para hacer los *sumis* debes decidir cuántos degradados quieres. Yo utilizo tres: *dark, medium* y *light*, y los hago de la siguiente manera:

1. *Dark*—¾ negro por ¼ de diluyente

2. *Medium* – ½ de negro por ½ de diluyente

3. *Light*—¼ de negro por ¾ de diluyente

Es como una escalera. Una vez que lo hagas, verás que es muy fácil.

Te dejo un vídeo que tengo en mi canal de YouTube en el que verás lo sencillo que es:

«¡El TUTORIAL IMPRESCINDIBLE para diluir tinta en negro y gris!»

Las tintas de colores, cuando las pongas, si no quieres que se te sequen en el cup, te recomiendo que les eches una gota por encima de diluyente. De esta manera se mantendrán líquidas. Hay algunos colores, como por ejemplo el verde clarito, que no se suelen secar porque son bastante líquidos, pero es cuestión de ir probando y familiarizarte con ellos. Un error muy común es comprarse muchos colores porque pensamos que si viene alguien a tatuarse y quiere ese color tenemos que tenerlo sí o sí. Al final, lo que ocurre es que se caducan y acabas tirándolos prácticamente nuevos. Por lo tanto, te aconsejo que compres los básicos y hagas mezclas. Si no sabes cómo hacerlo, busca en internet cómo mezclar colores primarios y verás que muchos de los colores que necesitas los puedes conseguir mezclando colores básicos.

Para las agujas, lo mismo que con las máquinas; hoy en día hay muchísimas marcas y casi todas son buenas. Yo voy cambiando y voy probando nuevas marcas, y la verdad que me parecen casi todas iguales, exceptuando las más finas, entre las que solo hay dos que me gustan: Fineline y Elite. Pero igualmente, es cuestión de que vayas probando. Las que vienen en los kits yo las he probado y la verdad es que van bastante bien. Antiguamente sí que tenías que tener más cuidado porque venían muchas defectuosas, pero creo que era la falta de cuidado a la hora de empaquetarlas, y las doblaban. Hoy en día, las de cartucho no tienen ese problema, porque van protegidas con la propia cápsula. Sin embargo, si vas a comprar agujas de varilla, sí te recomiendo que busques calidad, porque las chinas suelen venir taradas muchas veces, o si no puedes comprarte una lupa de joyero (muy barata) y comprobarlas antes de usarlas.

Vale, lo más importante ya lo tienes, ahora podemos hablar de los accesorios, que son los siguientes: cups (para poner la tinta), campos quirúrgicos (base de plástico para poner los materiales, y que después se desecha), depresores de madera (para poner la vaselina), vaselina (para hidratar la piel mientras tatúas y para pegar los cups al campo quirúrgico), botella de boxeador (botella de agua y jabón para limpiar el tatuaje), servilletas zigzag o rollo de papel (si escoges el rollo, debes arrancar las hojas que necesites antes de empezar para evitar la contaminación cruzada), film osmótico (film transparente de cocina), rollos de cinta autoadherente (optativo, aunque muy recomendable, sirve para tapar la máquina y que no resbale), cuchillas de afeitar (preferentemente de dos hojas), alcohol (para desinfectar la zona antes de tatuar), líquido *transfer* (para marcar los tatuajes), líquido *transfer remover* (para borrar el esténcil si te equivocas), guantes de látex (de tu talla, que no te sobren, ni te vayan muy justos, y sin polvo, para no ir manchando todo lo que toques cuando te los saques), papel hectográfico (sobre todo que sea el Classic Thermal Spirit, el de máquina).

Con esto tienes lo básico y necesario para empezar. Ahora, si te lo puedes permitir, te aconsejo que te compres la termocopiadora para transferir los diseños y que te queden más perfectos. Normalmente cuesta entre 160 y 180 €. Por supuesto, si puedes comprar un apoyabrazos, una camilla y un taburete, sería genial, pero eso cuando ya estés más avanzado. Aunque quizá todo esto no lo tengas que comprar, ya que en los estudios normalmente lo tienen y lo podrás usar. En caso de que quieras montar tu estudio, tendrás que comprar esto y bastantes cosas más.

¿QUÉ ESTILO DEBERÍAS HACER?

Aquí, obviamente, tienes que ser tú el que decidas a qué estilo deberías dedicarte, pero te voy dar unos consejos para que puedas decantarte por uno u otro. También deberías saber que tatuar la totalidad de los estilos no es una buena idea, ya que al final no te especializas en ninguno. Al principio esto es difícil, ya que tendrás que hacer un poco de todo, y está bien, porque de paso así practicas, pero con el tiempo deberás tomar una decisión y hacer que tus clientes te conozcan por tu estilo.

Y para saber cuál es el que mejor se te dé es fácil, si ya tienes una base de dibujo. Por ejemplo, si siempre haces realismo en blanco y negro, como me pasaba a mí, ya sabes por dónde tienes que tirar. Si te gustan los colores, lo mismo, debes buscar aquello con lo que te sientas más cómodo. Si no sabes dibujar, tendrás que averiguarlo y decidir qué estilo te gusta más; a veces, lo que más nos gusta es lo que mejor sabemos hacer. A mí, por ejemplo, no se me da bien ni el tradicional, ni el New School, ni el color, porque desde pequeño me he dedicado a copiar dibujos reales, que es lo que más me gustaba. Si me pusiera a hacerlo, tardaría un tiempo pero al final lo haría bien. La diferencia está en las horas que le dediques a cada cosa, no hay secretos. Y tampoco me lo tatúo, prefiero el realismo para mi cuerpo. Al final son gustos y ahí es una cuestión muy personal.

Lo que sí debes tener muy en cuenta es en el país donde vives o vas a tatuar. ¿Y por qué es importante? Por el tipo de piel. No es lo mismo tatuar color en Finlandia, donde la piel es superblanca y, por lo tanto, no hace de filtro, que en Brasil, donde la piel es mucho más oscura y por tanto los colores no van a lucir igual, y en muchos casos ni se van a apreciar. Así que si vives en un país donde la piel es morena, olvídate del color, tatúa en negro y con mucho contraste para que se aprecie bien el diseño. Nunca lucirán como en una piel blanca, pero al menos podrás tatuar algo en condiciones. Aquí, en Andorra, la gente no tiene una piel morena, pero no es blanca del todo, así que el color no triunfa mucho tampoco. La gente me dice que no les gustan los tatuajes a color, y el motivo es ese: en los países del norte, la mayoría de las personas los llevan así, y como lucen mucho mejor, cambia por completo la percepción.

Dicho esto, ya solo quedaría añadir que, hagas lo que hagas, deberías publicitar solo eso en tus redes sociales, ya que si subes todo lo que tatúas al final te pedirán de todo. Pero si solo publicas lo que quieres tatuar, te buscarán por ese estilo de tatuajes. Si no me crees, puedes comprobarlo tú mismo: cuelga la foto de un trabajo tuyo, el que quieras, y verás cómo mágicamente la gente te empezará a escribir para hacerse algo parecido.

Estos son los estilos de tatuajes que hay actualmente: neotradicional, New School, Old School, oriental, tradicional, tribal, maorí, polinesio, realismo, realismo a color, Dotwork, geométrico, Fine Line, anime (se podrían añadir algunos más, como por ejemplo Trash Polka, que es un realismo con trazos rojos, manchas, etcétera, que inventó este tatuador, pero entonces la lista sería interminable, ya que cada tatuador tiene su estilo particular).

CÓMO LLEVAR TU AGENDA EN GOOGLE Y POR QUÉ HACERLO EN ESTA PLATAFORMA

Después de muchos años con la agenda de papel, hace tres que decidí dar el paso a la agenda digital. Me costó mucho darlo, porque los cambios cuestan, sobre todo a mí, que soy bastante cuadriculado. Pero la verdad es que fue de las mejores cosas que he hecho.

Primero te voy a dar un listado de ventajas, y después te explicaré cómo deberías llevar tu agenda.

Ventajas:

- La puedes llevar siempre encima.

- La puedes abrir en cualquier dispositivo.

- Es mucho más segura ya que le puedes poner contraseña.

- Es muy rápida e intuitiva a la hora de agendar.

- Puedes encontrar rápidamente un cliente.

- Puedes apuntar todo lo que necesites sin límite, datos, qué se va a hacer, presupuesto, etcétera.

- Con un simple vistazo ves lo que tienes para el día, la semana, o el mes, de todas las maneras.

- Puedes usar varios colores para agendar; por ejemplo, *piercings* en un color y tatuajes en otro.

- Puedes enviar la cita por correo a tu cliente y te la puede confirmar.

Desventajas:

- Ninguna. La verdad que no se me ocurre nada, a no ser que no tengas internet, pero hoy en día todo el mundo, o casi todo el mundo, tiene acceso; así que aparte de eso no veo ninguna desventaja. Estoy encantado.

Ahora te voy a explicar cómo la utilizo yo. Tengo cuatro calendarios: el de *Tattoo* en color azul, el de *Piercing* en color naranja, el de Láser en color pistacho y el Personal en color verde. ¿Qué porqué tengo el personal? Porque así puedo saber si tengo alguna cita, médico o lo que sea, y me lo puedo combinar y no poner dos cosas el mismo día u hora. Esto último es maravilloso, porque puedes tenerlo todo controlado y te acuerdas de cada cosa. ¡Qué maravillosa es la tecnología!

Después, para cada cliente, apunto su nombre y apellido en la parte superior, seguido de un guion y también su teléfono. Seguidamente, pongo el día y de qué hora a qué hora voy a estar con ese cliente. Si es un tatuaje, *piercing*, etcétera, y en la descripción apunto si me ha dejado una paga y señal, qué se va a hacer, si le he dado algún presupuesto, y en caso de que ya sea la segunda cita y no le haya acabado, a veces apunto también las agujas, colores, etcétera, que he utilizado para no tener que volver a pensar en qué medidas necesito. Todo lo que se te ocurra lo puedes apuntar, pero sigue siempre un orden. Si pones el nombre y apellido en mayúsculas, hazlo siempre de la misma manera. Siempre tiene que quedar igual para que sea mucho más claro y visible. Y te repito y no me cansaré de hacerlo: «Como haces una cosa, así lo haces todo». Ya te la he comentado, pero es que es verdad, así que haz las cosas bien, verás que te ahorrarás tiempo a la larga (aunque al principio te cueste un poco acostumbrarte a hacerlo igual, vale la pena el esfuerzo inicial).

Te pongo un ejemplo de cómo lo hago yo. Debería quedarte más o menos así:

Pepito Flores–00376 225 352 223

Miércoles, 18 sept · 11:45-14:00

TATTOO

P. S. (paga y señal) 50 €–Se quiere hacer un nombre con una estrella en la muñeca, pero aún no sabe exactamente el tipo de letra–Le dimos un precio de 80 €, aproximadamente, según tamaño y diseño final.

Hacer esto te lleva un minuto y te ayuda muchísimo, porque lo puedes recordar todo de un vistazo. Además, así nunca te podrán decir que has dicho un precio inferior, ya que lo apuntaste en su día con todo lo que hablasteis. A veces, las personas recordamos lo que queremos y nos interesa; y la memoria nos falla. Que quede todo registrado. Te va a dar una paz increíble.

CÓMO LLEVAR TUS REDES SOCIALES (*FEED* ATRACTIVO, PUBLICAR CADA DÍA, PAGAR CADA MES PUBLICIDAD, DAR CONTENIDO DE VALOR…)

Este capítulo es muy importante que lo leas bien y, si hace falta, lo vuelvas a releer. Bueno, de hecho deberías leer el libro entero cada cierto tiempo para que las ideas que te digo en él las puedas aplicar, ya que es mucha información y seguramente hay cosas que en la primera lectura se te pasen.

¿Y por qué te digo que son importantes? Porque son tu cara al público; la gente te va a conocer por tus redes sociales, y dependiendo de cómo las lleves vas a tener más clientela o menos. ¿Es injusto? para nada. Yo, hasta hace muy poco, pensaba que las redes eran injustas porque tatuaba mejor que aquel o que el otro, etcétera, y, sin embargo, tenían más seguidores que yo. Esto es simplemente absurdo. Da igual lo que pensara, al final el público encuentra al que mejor se publicita, punto. Yo dejé mis redes de lado pensando que algún día, por arte de magia, Instagram me recomendaría por ser un buen tatuador. Siempre había creído en la idea romántica de que el que quisiera seguirme y tatuarse conmigo lo haría porque reconocería mi trabajo y mi esfuerzo en este sector. ¡Qué locura, qué pérdida de tiempo! Además, cometí la estupidez de no publicar fotos cuando venía gente famosa a mi estudio a tatuarse.

Por respeto y confidencialidad no puedo decir los nombres, pero como ya sabéis, aquí en Andorra viven muchos *youtubers*, motoristas de Moto GP, *influencers*, deportistas, etcétera, y yo he tenido el placer de tatuarlos. Y seguramente la mayoría, o casi, habrían accedido a hacerse una foto conmigo y con el tatuaje que les hice, y eso a su vez me hubiera reportado una publicidad brutal y muchos seguidores. En fin, el mal ya está hecho, pero ahora hace ya un tiempo que lo estoy subsanando y tengo alguna que otra foto en mis redes con famosos. Si quieres puedes pasar a chafardearlas y, de paso, seguirme (Ink Virtus Tattoo). No te cuesta nada, y a mí me ayudas mucho. ¡Gracias! 😘

Así que, por favor, es muy importante llevar bien tus redes sociales, que por cierto deberían ser Instagram y TikTok. Facebook está muerto, al menos aquí en Europa. No quieras tener todas, porque te va a ser imposible gestionarlas bien; llevarlas es todo un trabajo. Es mejor tener un par bien, que estén atendidas, que muchas a medias. Además, recuerda que deberás contestar mensajes y *mails*, y eso es otro trabajo que hay que hacer cada día. Por cierto, también te aconsejo que te pongas un horario para contestar a los mensajes. Puede ser a primera hora del día, al mediodía, por la noche o mañana y noche, como quieras, pero siempre el mismo horario. Así acostumbras a tus clientes a esperar la respuesta, ya que a veces algunos son muy impacientes, y se piensan que estás con el móvil esperando a que lleguen mensajes para responder.

Otra cosa muy importante es que no te obsesiones con el número de seguidores. Conforme vaya mejorando la calidad de tu trabajo, irán aumentando, aunque, por supuesto, tendrás que currar y dar contenido de valor. Si solo cuelgas tatuajes, a la gente le dará igual, ya hay millones de páginas con tatuajes cada día. Además, tendrás que darles algo nuevo. Por ejemplo, yo hago un *reel* píldora del día, que es un vídeo de un minuto hablando a cámara sobre algún tema interesante o que ayude a las personas que se quieran tatuar y a tatuadores. Otro día, hago un vídeo de quince segundos de un «Tattoo of The Day» o «New Design of The Day» (si quieres verlos están en todas mis redes sociales). No te estoy diciendo que lo hagas igual, por favor, sé original y auténtico, pero sí que te pongas como norma colgar uno cada día o casi cada día y que tu *feed* (aspecto de Insta o TikTok) sea atractivo, que tenga un orden y se vea bonito. Las historias destacadas también tienen que tener una foto que se distinga de un solo vistazo y no debería haber más de cuatro o cinco. Yo, por ejemplo, tengo una de tatuajes, *piercing,* láser, ubicación y YouTube.

En la descripción debe estar todo bien explicado. Te resumo como lo tengo:

- inkvirtustattoo (nombre del estudio o artista)

- José Diz (nombre) / Tatuajes–*Piercing*–Láser (aquí no pongas signos, símbolos o imágenes, porque esto sirve para que te recomienden; si no está claro no te encontrarán).

- Estudio de tatuajes y *piercings* (categoría)

- ♥/ Tatuador desde el 2007 (aquí puedes poner tatuador aprendiz, por ejemplo).

- ☎/ (+376) 813 614 (Teléfono fijo).

- 📱/ (+376) 651 965 (Teléfono móvil o WhatsApp).

Tiene que verse muy claro quién eres y lo que haces.

También está bien pagar en publicidad. Ponte un presupuesto al mes y examina lo que mejor te funciona. Yo pago 60 € al mes y no descarto ampliarlo. La verdad es que es una buena forma de llegar a más gente y de manera orgánica. ¡Ah! Y sobre todo, ¡no compres seguidores! Desconfía de los que te dicen que te hacen crecer de manera orgánica, ¡es mentira! Les pagas, y te dicen que hagas unas modificaciones en tu página, te dan unas instrucciones y, de repente, de un día para otro tienes miles de suscriptores nuevos que no sirven para nada porque son bots. Además, después Instagram te penalizará y no recomendará tu contenido. Te lo cuento porque a mí me pasó; una *influencer* argentina contactó conmigo y me dijo que haría crecer mis redes de manera orgánica, que conseguiría 20K en cuatro meses, publicaría mi contenido en sus redes y en la de sus compañeros, e iría creciendo. Mi compañero me avisó y me dijo: «No lo sé Rick, parece falso». Y tenía razón: de un día para otro, empezaron a subir los seguidores. Me pareció muy extraño, así que revisé los perfiles de los que me seguían... y ¿adivinas qué?

Correcto, eran bots.

Lo frené, le dije que ni se le ocurriera comprar ni un seguidor más y que se podía meter el dinero en el culo, y que si me compraba más, la denunciaba. Intentó convencerme para que siguiera trabajando con ella, me hizo una oferta especial y con un programa más real y específico para conseguir seguidores reales, hija de... ¡¿No me podía haber vendido antes ese?! Le solté que por mí se podía morir y que el *karma* existe y bla, bla, bla, y nunca más volví a saber de ella. Supongo que se partiría el culo de mí, da igual. En el momento que contraté sus servicios tenía 5000 seguidores, y, al cabo de un mes, 7500, al cabo de un tiempo empezaron a bajar, aunque también subían.

Es mejor subir poco a poco y que el crecimiento sea orgánico, que querer hacer las cosas rápido y después estancarse. De verdad que es preciso subir escalón a escalón. Como te he dicho antes, y soy totalmente transparente, yo no le dediqué el tiempo necesario a mis redes sociales, así que en el momento de escribir este libro tengo 7150 seguidores en Instagram (espero que estos ya sean reales) y en TikTok 1060 (en Ti-kTok es más normal, porque empecé en 2024), pero estoy creciendo a un buen ritmo. Mi objetivo es llegar a los 10K en Insta, 5K en TikTok y 5K en YouTube para el 1 de agosto del 2025. Si todo va bien, este libro ya habrá visto la luz, así que puedes confirmar tú mismo si lo he conseguido o no. ¡Uf, qué presión!😄

Otro punto importante, y que te ahorrará mucho tiempo es automatizar las respuestas a las preguntas que más te hagan. Por ejemplo, cuando te pregunten el precio de un tatuaje o explicar cómo funciona el láser, etcétera. Te dejo mis respuestas automáticas por si quieres copiarlas, pero aquí de nuevo te recomiendo que las adaptes tú a tu clientela.

HORARIO. Hola. En este momento está cerrado.

Nuestro horario comercial es el siguiente:

- Lunes: 11:00–13:30
  15:30–19:30

- Martes: 11:00–13:30
  15:30–19:30

- Miércoles: 11:00–13:30
  15:30–19:30

- Jueves: 11:00–13:30
  15:30–19:30

- Viernes: 11:00–13:30
  15:30–19:30

- Sábado: cerrado

- Domingo: cerrado

DIRECCIÓN: Carrer de l'Aigüeta n.º 2, 1º-2ª, Andorra la Vella, Andorra.

Presupuesto tatuaje. Hola, buenas. Si quieres que te demos un presupuesto, envíanos foto de referencia, con tamaño en cm (NO VALE DECIR NI MUY GRANDE NI MUY PEQUEÑO). Si lo sabes, zona a tatuar. Gracias.

Info Láser. Hola, buenas. Para eliminar un tatuaje dependerá del tipo de tinta que te hayan puesto, de la profundidad, de la zona y de cómo elimine tu cuerpo la tinta a través del sistema linfático. El número de sesiones necesarias también variará según la persona, pero la media suele estar entre tres y ocho sesiones para eliminarlo del todo. Entre sesión y sesión tienen que pasar como mínimo dos meses. En verano no te puede tocar el sol, así que si quieres hacerte una sesión deberás cubrirlo o, si no, esperar a no tomarlo durante al menos dos meses. Dinos tu disponibilidad, nombre y teléfono y te agendamos. Gracias.☺

Precio *piercing*. Hola, buenas. El precio son 50 € con la joya de primera puesta y anestesia (espray frío). Dinos tu disponibilidad, nombre y teléfono y te agendamos. Gracias. 😉

Presupuesto realismo. Hola. El precio de este tipo de tatuajes es por hora, a 120 € la hora, ya que es muy complicado saber cuántas horas va a ocupar. Puedes hacerte las horas que quieras en cada sesión. A partir de la primera también puedes hacer medias horas. Por ejemplo, una hora y 30 minutos, o dos horas y 30 minutos, etcétera. En la primera sesión sí que sería conveniente hacer como mínimo dos horas para poder marcar todo el diseño. El tiempo que empleemos diseñando no cuenta, va incluido con el precio de la hora tatuada, es decir, que aunque tardemos cinco horas diseñando y tatuemos dos, solo se te cobrarán dos horas. Entre sesión y sesión tienen que pasar como mínimo 21 días. Dinos tu disponibilidad, nombre y teléfono y te agendamos. Gracias. 😊

Así es como lo gestiono yo y me evito tener que escribir siempre lo mismo. Aun así hay gente que no lee, y te envía una imagen y te dice que de qué tamaño lo quiere: «cómo el del móvil», o «ni muy grande ni muy pequeño», y se lo tienes que volver a explicar. Para la gente que no tenga una regla a mano le puedes decir que un palmo suele medir unos veinte centímetros, para que lo tomen como referencia.

¿DEBERÍA ABRIR UN ESTUDIO O TRABAJAR PARA ALGUIEN? PROS Y CONTRAS

Vale, este capítulo es por si ya llevas un tiempo tatuando, no tengas estudio dónde ir, y te estés planteando abrir el tuyo. Si quieres saber mi opinión, es que deberías empezar en algún estudio, pero no siempre te van a dar la oportunidad, así que deberás de ser insistente e ir a la mayoría de los estudios que puedas antes de intentarlo por tu cuenta. Es mejor que empieces en uno, porque te hará ganar confianza y mucha experiencia, sabrás cómo gestionar un negocio, conseguirás clientes, tendrás más tiempo libre y podrás dedicar las horas exclusivamente a tatuar. Esto es algo que agradecerás, y mucho, sobre todo al principio, ya que tardas el doble ¡o el triple! en hacer un tatuaje cuando empiezas, que cuando ya tienes experiencia. En caso de que te sea imposible encontrar algún estudio, te recomiendo que analices el porqué. Sé honesto contigo mismo, y mira si ya tienes el nivel suficiente para que alguno esté interesado por ti. A veces nos creemos más buenos de lo que somos porque la gente a nuestro alrededor nos anima y nos dice que valemos mucho. Pero la mayoría de las veces te lo dicen para animarte o porque no tienen ni idea de tatuajes. De cualquier modo, si quieres empezar abriendo tu estudio deberías tener en cuenta varios factores. El primero es: ¿tienes el capital suficiente para afrontar tantos gastos y tu sueldo durante al menos seis meses o un año? Esto es muy importante, porque hay gente que empieza a lo loco, y a los dos meses tienen que cerrar porque no tienen el suficiente flujo de clientes y no llegan a final de mes, quedándose sin su nómina y con un montón de gastos sin pagar. En el siguiente capítulo te explico los gastos que tiene un estudio para que puedas planteártelo, y ya te anticipo que no son pocos. Lo segundo que deberías pensar es si tienes un flujo de clientes suficiente para mantenerte, y esto lo puedes saber según el número de mensajes que te escriben para preguntar precios, o haciendo un listado de clientes y facturación diaria.

Ahora te voy a hablar de los pros y contras que tiene trabajar para otro estudio y tener el tuyo propio, que creo que también es importante para que puedas valorar las dos opciones una vez ya tengas experiencia.

Pros de trabajar para otro estudio aunque tengas experiencia

- Sin inversión inicial.

- Más tiempo libre.

- Menos dolores de cabeza y preocupaciones.

- Puedes cambiar de estudio cuando quieras.

- Puedes viajar más, e ir de *guest* a más sitios.

- No tienes que pagar empleados.

- No necesitas gestores.

- No tienes que pagar local ni gastos asociados (aunque en el porcentaje que te quita el estudio ya lo estarías pagando, es más reducido).

- Puedes ir cuando tú quieras (normalmente los estudios te dan libertad, aunque a ti te interesa estar allí por si vienen clientes).

Contras de trabajar para otro estudio

- No es escalable. Tienes unos únicos ingresos por tus horas de trabajo, pero no puedes ganar nada más. Por ejemplo, por la venta de *piercings*, material o el porcentaje del trabajo de otros artistas.

- No tienes un estudio con tu nombre, aunque hoy en día con las redes sociales te encuentran fácilmente.

- Dependes del horario del estudio.

- Hay estudios que te obligan a que estés allí en el horario comercial por si entran clientes.

- Puedes llevarte mal con el jefe.

- Tienes menos libertad de acción. No puedes hacer lo que quieras, como poner tu propia música, tu decoración, etcétera, al menos sin su permiso.

- Si no te llevan, no puedes participar en convenciones.

Pros de trabajar en tu propio estudio

- Es escalable. Puedes ganar más dinero vendiendo material y con el porcentaje de los otros tatuadores, puedes abrir más de un estudio, etcétera.

- Eres el jefe; haces y deshaces a tu antojo, y puedes contratar o despedir a quien tú quieras.

- Puedes ponerte el horario que más se adapte a ti.

- Puedes decorar el estudio a tu manera, y poner la música que te dé la gana. Digo esto porque a veces ha sido un motivo de discusión en mi estudio, ya que cuando yo no estaba ponían un tipo de música que a la mayoría de clientes no les gustaba y además a un volumen excesivo. Te quiero recordar que un estudio no es una discoteca, y deberías adaptarlo al cliente, no a ti, para eso ya tienes tu casa.

- El cliente siempre sabrá dónde encontrarte.

- Puedes ir a convenciones (en Europa, como mínimo debes tener un estudio para registrarte).

Contras de trabajar en tu propio estudio

- Inversión inicial muy grande.

- Muchos más gastos. Por ejemplo, alquiler, teléfono, materiales, elementos de limpieza, luz, agua…

- Tienes que tener contable, personal de limpieza, gestor, etcétera.

- Menos tiempo libre.

- Pagar empleados.

- No puedes viajar ni hacer tantos *guests*.

- Mayor nivel de estrés.

- Gestionar el personal (muy difícil; lo peor sin duda) y la lucha de egos, muy grande en este sector.

- Tener siempre capital para afrontar los gastos e imprevistos.

- Hacer los trámites para abrir, como papeleo, revisión sanitaria, etcétera.

- Gestión de los clientes y de la documentación asociada (autorizaciones, informes, etcétera).

- Gestión del dinero y la caja registradora.

CUÁNTO CUESTA ABRIR UN ESTUDIO DE TATUAJES, Y CONSEJOS QUE VALEN ORO

Bueno, como ya he abierto tres estudios, algo de experiencia tengo. Así que para comentarte números rápidos, te diré que en el primer estudio me gasté unos 30 000 €, en el segundo (no te asustes) 190 000 €... Sí, sí, ¡190 000 €! Y te explicaré el porqué. En el tercero, unos 12 000 €, así que esto es muy relativo y, obviamente, dependerá del país donde vivas.

En este capítulo te doy un coste aproximativo de cuánto te puede costar abrir un estudio y lo desgloso por partes para que te sea más fácil después aplicarlo en tu país. Al final, dependerá también del presupuesto que tengas. He comprobado que cuanto más tienes, más gastas, no me preguntes por qué, pero es así. Es como con el tiempo: si tienes dos meses de plazo para abrir, tardas dos meses; pero si te pones un mes y medio, lo haces igualmente. Esto hasta tiene un nombre, la ley de Parkinson, que dice: «El trabajo se expande hasta llenar el tiempo disponible para que se termine».

Te explico brevemente por qué gasté —bueno, gastamos, porque lo hice con tres socios más— esa locura de dinero en mi segundo estudio. Hicimos un Tattoo-Vape Shop, una idea horrible que te explicaré con más detalle en el capítulo «**Fallos y errores que he cometido en mi carrera profesional**» y lo entenderás mejor. Cada vez que me acuerdo…, ¡qué dolor! Cuánto dinero tirado… Pero ahora, sigamos.

Primero, tenemos que tener en cuenta lo que nos va a costar el local, las reformas, la documentación, materiales, etcétera.

Local: sin duda, esta es de las partidas más caras. Tienes que calcular los gastos por alquiler que tendrás en doce meses para anticiparte, como te he dicho, por si no tienes el suficiente flujo de clientes el primer año. Por ejemplo, yo estoy pagando 750 € al mes, IVA incluido. Aquí deberás incluir los dos meses que se queda la inmobiliaria, así que en total serían catorce meses.

Total alquiler local = 750 € al mes por catorce meses = **10 500 €**

Reformas: esta sería seguramente la partida más difícil de calcular, ya que influyen muchos factores, como el estado del local, los precios de las empresas de construcción de tu país, etcétera. Pero deberías calcular unos 400 €/m² (cálculo sobre la base de lo que me han costado a mí de media mis tres locales). Así que si coges un estudio de 30 m², que es lo que tengo yo en la actualidad (y es más que suficiente), este sería el aproximado.

Total reformas local = 400 €/m² x 30 m² = **12 000 €**

Muebles y materiales necesarios: aquí tienes un listado de todo lo que necesitas para empezar con la referencia y el precio actual de 2025:

- Mostrador entrada: para poner la caja registradora, etcétera. (RETIF/Mostrador VértigoT01MDF natural–RETIF)–350 €

- Muebles vitrina para poner los materiales (dos ut) (IKEA/RUDSTA vitrina, antracita, 80x37x120 cm–IKEA)–300 €

- Sofá Chester marrón (dos plazas) (VIDAXL/vidaXLsofá Chesterfield de dos plazas cuero sintético marrón |vidaXL.es)–510 €

- Escritorio para trabajar: hay muchos modelos, pero yo elegiría uno con cajonera y que vaya a juego con el resto de muebles–100 a 300 €

- Sillas oficina con ruedas (dos ut)–50 a 100 €

- Espejo para que se vean los clientes–(IKEA/SVANSELE espejo, dorado, de 73 x 158 cm–IKEA)–109 €

- Lavamanos de pedal de inox: obligatorio en muchos países (HOS-DECORA–Lavamanos de pedal inox de pared de 45x45 cm FI 061004 (hosdecora.com)–242 €

- Camilla de tres cuerpos hidráulica: te aconsejo encarecidamente esta (BETICOLOR/Camilla hidráulica de tres cuerpos (beticolor.es)–455 €

- Taburete tipo pony–(AMAZON –QUIRUMED). Taburete tipo pony, ergonómico, con base de acero, color negro, tapizado en polipiel, altura regulable, asiento acolchado, ruedas giratorias, hasta 150 kg: Amazon.es: hogar y cocina–67 €

- Apoyabrazos–Hay muchos tipos, pero los baratos son un desastre, por un poco más compra este (QUIRUMED–Apoyabrazos tattoo) (quirumed.com)–75 €

- Autoclave–En caso de que hagas *piercings* o uses *grips* de acero para tatuar–He puesto este modelo porque es el que tengo yo, pero los hay más económicos (Autoclave Clase B Dora 23 L con pantalla LCD)–2099 €

- Termocopiadora–(Amazon/Tatelf Máquina Stencil de Tatuajes Termocopiadora Tattoo Máquina de Transferencia de Tatuajes Plantilla de copiadora térmica de Tatuaje Maker Copiadora de Tatuaje A5 A4 Copiadora de Plantilla: Amazon.es: Belleza–109 €

- Kit tatuaje con máquina tipo pen–(Amazon/Liumate Kit de Tatuaje Inalámbrica Kit de Máquina de Tatuar Rotativa Completo, Batería de 1800 mAh Fuente de Alimentación 20Pzs Agujas de Tatuaje for Principiantes y Artistas del Tatuaje)–69 €

- Material tatuaje–(depresores, cintas, cuchillas, etcétera)–En cualquier lugar puedes encontrar estos suministros–50 a 100 €

- TV 40": para que tus clientes estén entretenidos–(Amazon/Cecotec TV, Televisor LED de 40 pulgadas con resolución full HD 0 Series 0040. Sistema Dolby, sintonizador DVB_T/T2/C/S/S2, altavoces 16W, conexiones HDMI x 3 y USB x 2, Memoria Flash: Amazon.es: electrónica)–179 €

- Ordenador/Caja registradora–(Amazon/Caja registradora para pequeñas empresas, caja registradora para cajeros captura de pedidos móviles aceptación de pedidos control remoto y gestión de sucursales, encimera caja registradora con varios: Amazon.es: Oficina y papelería)–188 €

- Ordenador Mac- (Amazon/Apple iMac / 21 Inch/Intel Core i5 (4 Core) 2.8 GHz (Turbo Boost 3.3 GHz) / RAM 16GB/Fushion Drive 1TB / MK442LL / A Original APPLE Keyboard and Mouse (Reacondicionado): Amazon.es: Informática)–440 €

- Impresora Brother (son las mejores)–(Amazon/DCP-L2627DWE impresora multifunción Láser A4 1200 x 1200 DPI 32 ppm Wifi: Amazon.es: Informática)–169 €

- Material oficina–(papel, bolis, grapadora, reglas…)–30 €
- Material limpieza: cubo, fregona, productos de limpieza…)–50 €

- Papeleras metálicas con tapa–(Amazon/SIK KIS contenedor de basura chic L acero)–40 €

- Material *Piercing*:–Opcional, pero recomendable. Puedes visitar esta página para comprarlos al por mayor y de muy buena calidad (estuve en la tienda física en Tailandia)–www.achadirect.com

- Láser–(Quirumed/Láser para eliminar tatuajes de alta velocidad BW-190)–4199 €

- Letrero entrada estudio: dependerá del tamaño, tipo y forma–300 a 1500 €

Burocracia: dependerá del país en el que vivas y de lo que necesites.

- Apertura negocio–400 a 1000 €

- Alta teléfono–50 a 100 €

- Alta extintores–50 €

- Alta compañía de electricidad–100 €

- Alta TPV (datáfono)–200 a 300 €

Total materiales y burocracia = 18 180 €

Total alquiler local + Reformas local + Materiales y burocracia= 44 680 €

Este sería el precio total con láser, autoclave y algunas cosas que puedes obviar al principio, y que variarán dependiendo de donde vivas y de cómo esté el precio del mercado en cada momento, pero ya tienes una orientación. También espero que este libro se venda durante muchos años, por lo que deberías sumar un 2 % más por culpa de la inflación a partir de 2025, que es el año en que lo publicaré.

No te quiero asustar con el precio total, y como te he dicho anteriormente, no importa tanto lo que valga abrir tu negocio si es tu sueño y vas a hacerlo prosperar; así que ¡a por ello!

Muy bien, ahora ya sabes cuánto te puede costar abrir tu estudio aproximadamente, y cuánto ganamos los tatuadores de media, así que puedes hacer tus cálculos. Veamos algunos consejos que deberías tener en cuenta para que tu negocio se mantenga en el tiempo, porque abrirlo es muy fácil, lo puede hacer cualquiera, pero mantenerlo es más complicado.

En primer lugar, debes decidir un nombre claro y específico, que se entienda de un vistazo que eres tatuador y un estudio de tatuajes; aquí lo que yo te recomiendo es que sean un máximo de tres o cuatro palabras. El mío se llama INK VIRTUS TATTOO. La primera palabra quiere decir «tinta» en inglés, la segunda es una palabra en latín que aparece en el escudo de mi país (Andorra), que significa valor, coraje, valentía... Y la tercera, ya sabes lo que es, obviamente. Como ves, dos de las tres palabras están relacionadas con el mundo del tatuaje, pero si solo quieres poner TATTOO acompañado de otro nombre también estará perfecto; por ejemplo: MOON TATTOO. Presta atención, por favor, a que la palabra *tattoo* esté bien escrita, he visto mil formas de escribirla, como por ejemplo «tatoo», «tatto», «tatú»..., pero la correcta es *tattoo*, con dos t y dos o. Un último consejo, aunque esto ya es optativo, es que no le pongas tu nombre. Yo cometí el error de hacerlo en mi primer negocio, y esto tiene varios problemas; por ejemplo, que cuando venga un cliente nuevo buscará al dueño, al que sale en el letrero y te será muy difícil darle clientes tuyos a los tatuadores que tengas trabajando contigo. Tampoco es bueno, porque si un día quieres venderlo no podrás incluir la cartera de clientes que tengas. Además, sentirás (o al menos eso me pasaba a mí) una sensación de agobio, porque si te va mal y tienes que cerrar, parecería como que pierdes alguna parte de ti.

Llámame loco, pero esto a mí me angustiaba sobremanera y por eso decidí cambiarlo, entre otras cosas.

El segundo consejo que te quiero dar es que busques bien la ubicación y el local, y no te precipites ni alquiles algo que se salga de tu presupuesto, por muy bonito que sea o muy bien situado que esté. Ya tendrás tiempo más adelante de cambiarte si te va bien, como hemos hecho la mayoría. Si alquilas un local más caro, los gastos te comerán, te agobiarás enseguida y tendrás que cerrar. Este es uno de los mayores errores de las personas que montan negocios por su cuenta, o bien no calculan los ingresos y gastos que van a tener, o lo hacen, pero se dejan llevar por la ilusión de creer que van a ganar más dinero de lo que han calculado. Créeme, es mejor calcular a la baja y que te sobre dinero cada mes que al revés.

Para encontrar el local ideal debes tener en cuenta, además de la ubicación, el estado en el que se encuentre y la inversión que tendrás que hacer. Aquí de nuevo entra el presupuesto que tengas, aunque como he dicho antes, lo importante es el precio del alquiler; si crees que podrás pagarlo cada mes invierte en él, aunque tengas que gastar dinero en reformarlo.

Debes saber también que la mayoría de los locales no son válidos. En muchos sitios necesitas tener acceso para minusválidos, baño adaptado para ellos, y ciertas medidas en las puertas para que puedan entrar; también debes tener agua potable y caliente, etcétera. Infórmate bien sobre la legislación en tu país antes de escogerlo.

Otro consejo que te puedo dar es que no esté muy lejos del centro de la ciudad y que se encuentre en un lugar limpio y con *parkings* alrededor, ya que tus clientes, generalmente, deberán aparcar sus vehículos durante mucho tiempo. Otra cosa puede ser en una oficina dentro de un edificio; no hace falta que sea un local a pie de calle, siempre y cuando sea visible y la gente te pueda encontrar fácilmente.

Una vez tengas el local, decóralo bien bonito y de forma sencilla; no lo sobrecargues con decoración, recuerda que no es tu casa y va a entrar mucha gente, así que ten cuidado con esto. Por supuesto, no pongas escudos de equipos de fútbol, consignas políticas, ni nada con lo que la gente se pueda sentir mal. Pensarás que a ti no te ofende, pero hay mucha gente que sí se lo toma mal y no vale la pena perder clientes por cosas así. Tu estudio debe de ser neutral; tus ideales, por supuesto, pueden ser los que quieras, pero no alardees de ellos; lo mejor es pasar desapercibido y, ya en la calle, hacer y ser lo que te dé la gana.

Recuerdo un día que estábamos cenando en un restaurante con toda mi familia y el Barça ganó la liga. El dueño nos puso el himno con el volumen a tope y sacó una bandera. Nos sentó muy mal, pero no porque no fuéramos del Barça, sino porque no era ni el lugar ni el momento. Hoy en día ese restaurante está cerrado. Nosotros no volvimos y mucha gente tampoco. Seguramente influyeron más factores para que tuviera que cerrar, pero ese día perdió veinte clientes, y en mi familia hay aficionados del Barça, pobres diablos, ja, ja, ja, es broma, pero estuvieron de acuerdo que no estuvo acertado el dueño del local.

Hazlo minimalista. Pon solo lo que necesites, ni más ni menos. Así tendrás que recoger y limpiar lo necesario y lo harás mucho más rápido. Haz una revisión cada año de lo que tienes y lo que no utilices tíralo, véndelo o regálalo; es energía estancada y no dejas entrar cosas nuevas. ¿No me crees? Compruébalo en tu casa, por ejemplo. Te sorprenderás con el resultado y con lo bien que te sentirás. Te dejo una serie de Netflix que a mí me ayudó mucho, se llama: «¡A ordenar con Marie Kondo!». Es muy buena.

A la hora de escoger un mánager o alguien que te ayude (aunque esto debería de ser más adelante, cuando tengas suficiente clientela y no puedas hacerlo tú), he aprendido varias cosas importantes. La primera es que nunca, nunca, nunca debes contratar familiares, es el peor error que yo he cometido. He tenido a mi mujer y a un amigo y salió mal. Es verdad que son de los que más te puedes fiar porque jamás te robarán y te serán fieles, pero ya está. El resto son desventajas porque, como dice el refrán «La confianza da asco». En mi experiencia es así, y es en ambas direcciones, por supuesto. Para ellos tampoco es fácil separar la amistad y eso lo complica todo. Puede parecer duro e incluso frío, pero cada vez estoy más convencido de que en los trabajos no debes dejarte influir por los sentimientos. Es tu decisión, pero por experiencia y hablando con muchos otros emprendedores como yo, siempre llegamos a la misma conclusión: ¡no contratar a familiares o amigos! Pensarás: «Vale, José, me ha quedado claro, pero entonces, ¿a quién contrato?». Pues a alguien que te venga aconsejado por otra persona de tu confianza. Normalmente si alguien te aconseja a otra persona, suele tener buenas referencias de ella, ya que no quiere quedar mal contigo, así que es una muy buena opción. Diría que es la mejor porque es la única que me ha funcionado. Una vez puse un anuncio y me vinieron cinco personas, ninguna duró más de diez días. Una de las cosas que tengo muy en cuenta a la hora de contratar a alguien es que sea puntual, serio, responsable y limpio, y a ser posible que se lleve bien con su familia. Y ahora me dirás: ¿qué tendrá que ver que se lleve bien con su familia? Bueno, pues para mí mucho. Si lo piensas bien las personas con quienes más problemas tenemos es con nuestros familiares. Si esa persona se lleva bien con ellos ya es un gran paso, pero además hay otros factores, por supuesto. Si habla idiomas, si sabe atender al cliente y es simpático, educado, etcétera. También he de decir que yo solo contrato mujeres. ¿Por qué? Pues porque he tenido de todo, y las más responsables y con las que mejor me llevo y trabajan son ellas. Aquí cada uno tendrá su propia experiencia y decidirá con quién se queda, por supuesto, pero a mí me parece que ellas se implican más en los trabajos. Excepto cuando son madres, claro, ahí ya sabes que estarás unos meses que no podrás contar con ellas; nada grave en mi opinión y es algo que estoy dispuesto a aceptar.

Ya tenemos el local, los materiales, el/la *manager*. ¿Qué nos faltaría ahora? Pues muchas ganas y mucha ilusión, sobre todo ganas. No pienses ni por un momento que va a ser fácil, cuando tienes un negocio tienes que dar el 100 % siempre. La gente que monta un negocio para trabajar menos no tiene ni idea de lo que hace. Cuando tienes un negocio trabajas el doble, te sacrificas y sufres más. Tiene sus cosas buenas de las que ya he hablado, pero las malas están ahí, y antes de abrir el negocio hay que tener muy claro que va a haber problemas y que vas a tener que lidiar con ellos a menudo, y que vas a ser tú el que los tenga que solucionar.

Así que antes de empezar, hazte estas preguntas: ¿estoy dispuesto a sacrificarme por mi negocio las horas que haga falta? ¿Estoy dispuesto a trabajar más que un trabajo donde me pagan y estoy tranquilo? ¿He hecho un plan financiero detallado que incluya costos fijos, variables, posibles imprevistos, etcétera? Es muy importante que tengas esto muy claro, así que, por favor, coge lápiz y papel y responde a las preguntas desde el corazón.

¿QUÉ HACER SI TE PINCHAS CON UNA AGUJA USADA?

Espero que jamás tengas que seguir las indicaciones que te voy a dar en este capítulo porque es una sensación horrible cuando te pinchas. ¿Qué si me ha pasado? Pues la verdad es que por desgracia sí (aunque nunca me ha ocurrido nada grave).

No las he contado, pero alrededor de unas diez veces en diecisiete años, y la verdad es que son demasiadas. Tienes que vigilar mucho, pero aun así te puedes pinchar de mil formas, por ejemplo, dejando la máquina con la aguja apuntando hacia ti, o que se te resbale la mano con la que estiras la piel, que te despistes, o que al sacarla de la máquina y manipularla te la claves, etcétera. La última vez que me pasó algo, fue con una cuchilla. Recogí el campo quirúrgico sin quitarla y al querer doblarlo para tirarlo todo a la basura, lo atravesó y me cortó el guante y un dedo. Me quería morir, sientes una impotencia… Y te empiezan a venir pensamientos de si el cliente estará sano, si tendrá alguna mierda contagiosa. ¡Dios, voy a morir! Ja, ja, ja. Me río, pero es muy peligroso, es como jugar a la ruleta rusa; si tienes suerte como yo bien, pero si no… No quiero ni pensarlo. En fin, es una muy mala experiencia, ya te lo puedes imaginar, a nadie le gustaría pincharse con la aguja de nadie, pero tienes que tener claro que los tatuadores, médicos y quienes utilizamos material con sangre estamos expuestos a estos peligros. Así que, por favor, tienes que estar muy atento. Una manera de minimizar esto es no tener prisas, a mí me ha costado unos años entenderlo, pero poco a poco lo voy haciendo. Trabaja tranquilo, la prisa mata. Las cosas requieren su tiempo y si intentas hacerlo en menos tiempo la vida te dirá que frenes, te lo hace saber. También puedes usar doble guante en la mano con la que no uses la máquina, en mi caso la izquierda, que es la que más expuesta está. Esto lo hago cuando tengo que tatuar durante varias horas, porque es cuando más peligro hay.

Vale, pero si te pinchas, ¿qué tienes que hacer? Pues muy fácil. Lo primero es que si estás tatuando debes cambiar la aguja. Ni se te ocurra seguir tatuando al cliente después de pincharte. Paras, le dices lo que ha pasado, cambias la aguja y sigues. ¿Por qué la tienes que cambiar? Porque no sabes si tú estás totalmente sano; aunque no lo creas puedes contraer enfermedades venéreas de muchas maneras: en el dentista, en un quirófano, teniendo relaciones sexuales, etcétera. Así que no puedes poner la vida en riesgo de tu cliente.

El siguiente paso que deberás dar es hacerte unas analíticas y rezar para que todo salga bien, aunque lo más probable es que así sea, ya que la mayoría de la población está sana. Aun así, debes hacerte la prueba, pero deberás esperar. Esto es lo que recomiendan los CDC (Centers for Disease Control and Prevention):

- Prueba de hepatitis B: uno a dos meses después de la exposición.

- Prueba de hepatitis C: cuatro a seis meses después de la exposición (o antes, si se desea).

- Prueba de VIH: se realiza a las seis semanas, a los tres meses y a los seis meses.

¿CÓMO SE DEBE CURAR UN TATUAJE?

Este paso es crucial, ya que, por muy bien que hagas tu trabajo, si el cliente no se cura bien el tatuaje, el resultado puede ser catastrófico. Es el 50 % del resultado final, si no más. He visto tatuajes de muchas horas de trabajo irse al garete por culpa de una mala cicatrización, y créeme que no es nada agradable ni verlos y mucho menos arreglarlos. Sobre todo cuando se trata de retratos, es mucho más difícil repararlos que hacerlos de nuevo, ya que pierden todas las líneas y es muy difícil guiarte. Tendrás que hacer malabares para poder solucionarlo y, en muchas ocasiones, el resultado no será como al principio. Por eso es muy importante que el cliente se vaya con toda la información bien clara, y le debes preguntar si lo ha entendido bien. Por supuesto te dirá que sí, pero cuando llegue a casa seguramente se le habrá olvidado la mitad de las cosas. Así que una solución sería darle un papel con las explicaciones o bien como tengo yo, un vídeo en las redes sociales que le puedas compartir. Y de paso, le haces ver tus redes y que te siga.

Vale, pero, ¿cómo se debe curar un tatuaje?, te estarás preguntando, porque seguramente habrás oído mil maneras de curarlo, y la verdad que yo con los años he ido cambiando también la forma de hacerlo. Al principio aconsejaba llevar el plástico tres días cambiándolo cada ocho horas, lavando el tatuaje y poniendo crema; pero me di cuenta de que se humedecían demasiado y que perdían tinta. Con el tiempo he entendido que una herida, que es lo que es un tatuaje, debe de secar lo antes posible para curar. Cuanto antes seque, mejor. Así que mi manera ahora es muy simple, te lo explico paso a paso:

- Una vez acabado el tatuaje tapar el tatuaje con film transparente sin poner crema ni vaselina.

- A las dos-cuatro horas retirar el plástico, lavar con agua y jabón (neutro a ser posible), secarlo con una toalla limpia o papel de cocina y poner una capa supermegahiperfina de crema —¡superpoca!—. (Aquí la gente comete el error de pensar que poniendo más crema cicatrizan antes, pero es todo lo contrario. Cuanta más crema le pongan, más «ahogarán» el tatuaje y más tinta expulsará. Es más recomendable no poner nada de crema que ponerle en exceso). Hay que explicarles que la crema, aunque no se vea, está dentro de la piel y está actuando.

- Aplicar crema una o dos veces al día durante siete a diez días.

- **No** volver a tapar el tatuaje en todo el proceso. **No** poner gasas ni vendas porque se podrían pegar a la herida y al sacarla arrancarían la cicatrización. **No** ir a piscinas. **No** exponerlo al sol. Vigilar con los animales domésticos y que no toquen la herida.

Y ya está, eso sería todo. Si no te convence esta manera, prueba tú mismo con algún tatuaje tuyo y comprueba si funciona; si no, siempre puedes volver a aconsejar la manera que más te guste.

¿Y un *piercing*?

Vale, vale, ya sé que este libro es de tatuajes, pero un tatuador también puede ser anillador, como yo, y a final de mes ganarte un sobresueldo que va muy bien para pagar gastos de local. Así que no está de más saber algunos consejos y trucos. En caso de que no te interese puedes saltarte este capítulo, pero yo te recomiendo encarecidamente que también te pongas a hacer *piercings*.

Primero voy a empezar explicando algunos trucos que he ido aprendiendo con el tiempo y con el típico ensayo-error. Por ejemplo, el *piercing* de la oreja Hélix es de los más difíciles de curar, sobre todo en chicas.

¿Por qué en chicas?, ¿acaso les tienen manía los *piercings* a ellas? No, para nada, es por una razón muy lógica. Cuando me di cuenta de que le pasaba más a las chicas que a los chicos, pensé que tenía que haber algo que nos diferenciaba y al final lo descubrí. ¡El pelo largo! Así es, puede parecer una locura, pero el pelo siempre está sucio; por mucho que te lo laves cada vez que sales a la calle el pelo se llena de humo de coches, suciedad, etcétera, y este, al estar en contacto con el *piercing,* lo infecta. Además, se engancha constantemente, haciendo que la costra se arranque y vuelva a empezar el proceso de cicatrización constantemente. Por eso, a las chicas o chicos que lleven el pelo largo, diles que lo lleven el mayor tiempo recogido o que como mínimo en casa se pongan una pinza para que no les toque el *piercing.* Así de fácil, es increíble cuando sabes porqué ocurren las cosas y lo sencillas que son, con los quebraderos de cabeza que te dan hasta que sabes la respuesta, en fin, de nada ⊠.

Otra recomendación que les puedes dar es que cuanto menos se lo toquen, mucho mejor. Parece lógico, pero antiguamente para los pendientes en los lóbulos te aconsejaban darles vueltas para que no se pegaran, ¡maaaaal!, ¡muy mal!, ja, ja, ja. Es lo mismo que te decía antes, si lo tocas arrancas la costra y la cicatrización vuelve a empezar, además de que hay más riesgo de infección.

Deben olvidarse de que lo tienen, y solo tienen que lavarlo con agua y jabón cuando se duchen (una vez al día preferentemente, sus amigos también se lo agradecerán). Una vez en la ducha, lo lavan con jabón y lo aclaran, y en ese momento sí que pueden girarlo y moverlo un poco para lavarlo bien. Ya estaría, así de fácil, así de simple. Ni hay que ponerle Cristalmina, Betadine ni alcohol… De hecho, es contraproducente, ya que resecan en exceso la piel.

Muchos clientes se echan las manos a la cabeza cuando les digo que no pongan nada. Me preguntan que si se les infecta, qué pueden hacer. En ese caso, les digo que sí, que se pueden poner Cristalmina, pero que una infección no es lo mismo a que esté rojo y dolorido. Cuando está infectado el dolor es insoportable, y suele irradiar hacia los lados. Por ejemplo, si lo tienes en el tragus, el dolor te puede irradiar hacia el oído. En ese caso, deberían ir al estudio donde se lo hicieron y que comprueben a qué se debe. Por lo general, suele ser porque la barra es demasiado justa y hay mucha presión, así que se debe cambiar cuanto antes. Yo, en su caso, también tomaría ibuprofeno para desinflamar, pero eso es lo que haría yo, así que lo de la medicación se lo dejo a los médicos. También hay que decirles que eviten ir a la farmacia porque les van a vender mil cosas y, normalmente, ninguna sirve para nada más que retrasar la curación. Ahora, mi amigo farmacéutico Alfonso, estará leyendo esto y pensará que soy un flipado, pero me da igual porque lo he visto muchas veces.

Hay una reacción al *piercing* que suelen tener algunas personas, en las que aparece una forma de miniquiste o una especie de granito alrededor del *piercing*. Esto se debe a que el cuerpo quiere rechazarlo, ya que es un objeto extraño y no lo consigue. En ese caso, yo me pongo una crema que se llama Homeoplasmine, que va muy bien. Es en el único caso que me la pondría, aunque en general suele salir cuando ya está curado o casi cicatrizado.

Vale, ya para terminar, las curas que yo recomiendo para curar un *piercing* serían las siguientes:

Lavar con agua y jabón el *piercing* una vez al día

FIN

De verdad, no hace falta nada más. Si no me crees, compruébalo tú mismo, pero si te fijas en la mayoría de los hospitales te aconsejan curar las heridas igual, sin poner absolutamente nada y sin tocarlas, para que sequen y curen lo antes posible.

Si te gustaría hacer *piercings* y necesitas algún consejo más, puedes escribir a mi correo electrónico: infoinkvirtus@gmail.com, y encantado te ayudaré.

¿Y un láser?

Bueno, ya que estamos, te explico cómo curar una sesión de láser por si te animas también y te lo compras. Como ya te he dicho, yo dispongo de uno desde el año 2007.

Me pareció el invento del siglo y pensé que me iba a forrar; vaya ostión me di al principio. Como no tenía estudio, me tuve que ir a picar a la puerta de los tres estudios que había en Andorra para ofrecer el servicio. Uno me dijo que no le interesaba; textualmente: «Un láser bueno cuesta entre 15 000 € y 20 000, no voy a dejar que le quemes la piel a mis clientes». Ya te puedes imaginar mi cara. Por supuesto le contesté, y le expliqué lo que costaba el mío, pero la mujer no estaba por la labor y me dijo que se lo pensaría y que ya me llamaría; nunca lo hizo. Así que solo me quedaban dos estudios y, para mi suerte, me aceptaron en ambos a cambio de una comisión del 30 %. Me salvé por la campana, si no hoy estaría muerto, seguramente. Mi mujer me habría decapitado o vete a saber qué me hubiera hecho, qué miedo solo pensarlo…

Pero tampoco fue el bombazo que yo esperaba. La gente estaba recelosa, algunos no pensaban que funcionara de verdad y otros creían que les iba a achicharrar la piel, así que me costó varios años amortizarlo y, cuando por fin lo hice, pasó a mejor vida. No recuerdo qué piezas se rompieron, pero valían casi lo mismo que uno nuevo de aquella época. Los precios ya habían bajado bastante; por 6000 € ya podías comprar algo decente, y ahora incluso por menos.

Pero bueno, lo que te quería contar es algún truco por si algún día tienes pensado comprarlo, así que ahí van.

- Primer truco. Si aparecen ampollas (en algunos casos así es), que no pongan crema, ya que habría una sobrehidratación, y sobre todo que no las pinchen.

- Segundo truco. Si es un tatuaje muy grande hazlo por sesiones ¿Por qué?, pues porque si no, castigas demasiado el cuerpo y la piel, se te hincha muchísimo la zona y puede llegar a ser muy molesto, ya que retiene mucho líquido en la misma. La última vez que me hice una sesión de casi tres horas en el brazo, estuve rascándome el cuerpo entero durante dos meses; se me secó por completo, y fue debido a que todas las defensas estaban ocupadas en la herida del brazo. La verdad es que me asusté bastante y no entendía la causa. Así que ya sabes, no hay prisa, le haces una foto y te marcas las zonas con un rotulador para que te sea más fácil saber por dónde has pasado la última vez. Por ejemplo, yo me estoy quitando un tribal que tengo en el brazo, y lo estoy haciendo por zonas, y con una foto he marcado las zonas a eliminar y las he numerado.

- Tercer truco. No separes demasiado el puntero láser de la piel, ya que lastimas en exceso y le pueden salir cicatrices. Usa siempre la potencia más baja de inicio y sube gradualmente si lo necesitas.

- Por último, te diré que lo compres en un sitio especializado donde te puedan enseñar a utilizarlo y que no te gastes más de 5000 €. De verdad, no hace falta. Los nuevos de ese precio van genial y no tienen nada que envidiarle al que yo tenía de 17 500 €.

¿QUÉ HACER SI ALGUIEN SE TE DESMAYA? ¿CÓMO DETECTARLO ANTES DE QUE SUCEDA?

La primera vez que se me mareó y desmayó un chico me llevé un buen susto. Le estaba tatuando en la camilla y se cayó de ella, se dio un buen golpe. Como no se despertaba le empecé a dar tortazos en la cara. Cuando se despertó, vio que le estaba pegando y su reacción fue sujetarme de los brazos, y con cara de loco me preguntó que por qué le estaba atizando. El pobre no sabía ni donde estaba. Le expliqué que se había desmayado y que no se despertaba; me soltó y lo tumbé en la camilla. Estaba blanco como el papel. Me ha pasado decenas de veces, pero en este capítulo te voy a explicar trucos para detectar si alguien está a punto de desmayarse o se está mareando para evitar que te pase lo mismo.

Empezaré explicando por qué se marea la gente y a veces incluso llegan a desmayarse. Se llama síncope por venopunción, también conocido como síncope vasovagal por venopunción; es una pérdida temporal de la conciencia inducida por el estrés psicológico asociado a la punción venosa, comúnmente al tomar muestras de sangre o colocar una vía intravenosa y, en este caso, a tatuarse. Vamos, que si ve una aguja, material quirúrgico, etcétera, se marea y se desploma.

¿Y por qué pasa esto? Pues porque hay una disminución abrupta del flujo sanguíneo al cerebro. Baja la frecuencia cardíaca y hay una disminución en la presión arterial (como cuando te levantas de golpe y te mareas).

Aunque puede ser muy alarmante para el cliente y para ti, debes mantener la calma porque no se trata de algo grave.

Hay una manera de ver si el cliente va a perder el conocimiento antes de que le pase. Al principio, yo no me daba cuenta y se me desmayaban siempre, pero con este truco tú también lo notarás. Para empezar debes estar atento, sobre todo al principio. Si su piel de la cara se vuelve más blanca, se le marcan las ojeras, se le enfría la piel, tiene sudoración en la frente o se le dilatan las pupilas, si tiene alguno de estos síntomas, pregúntale si está bien; si te dice que sí, miente, ja, ja, ja. Te lo digo por experiencia, muchas veces no quieren reconocer que están mareados, sobre todo si vienen acompañados de amigos, parejas, etcétera. Y si es un chico que viene con su novia, todavía menos, porque no quiere que ella lo vea así (somos de lo que no hay, los hombres…).

Si tiene estos síntomas o alguno de ellos, lo primero que debes hacer es tumbarlo en una camilla o donde puedas. Después mojas un papel de servilleta con alcohol y le dices que respire muy fuerte; el alcohol le despejará de golpe. Luego, le pasas ese mismo papel por la frente y por la cara, vigilando los ojos, y se lo dejas debajo de la nariz para que siga inhalando el alcohol. Lo siguiente sería darle azúcar. Yo tengo preparados caramelos en mi carrito y así se los puedo dar enseguida. Te recomiendo que se lo abras y se lo des porque generalmente tendrá las manos temblorosas. Y ya por último, le deberías levantar las piernas por encima de la cabeza para que le llegue antes la sangre al cerebro. Con estos consejos te vas a ahorrar muchos sustos, porque no llegarán a desmayarse. Piensa que solo tienes unos segundos desde que notas que se están mareando hasta que lo hacen, así que debes ser rápido.

En el caso de que llegue a desmayarse, deberás tener paciencia y esperar a que se le pase. A veces se desmayan sin más, y otras veces empiezan a tener espasmos y convulsiones, que en ocasiones son muy fuertes y pueden llegar a asustarte, sobre todo la primera vez. También tendrás que tranquilizar a los acompañantes que vengan con el cliente, porque suelen asustarse mucho.

Normalmente la recuperación es rápida, aunque puede sentirse débil o confuso durante un corto período de tiempo después del desmayo.

Realmente lo peligroso de esto es que se caigan y se hagan daño; pero el desmayo en sí no es grave, aunque sí escandaloso.

CÓMO HACER CORRECTAMENTE UNA FOTO Y UN VÍDEO, USAR FILTROS POLARIZADORES, ETCÉTERA

En primer lugar, vamos a explicar qué es un filtro polarizador y por qué deberías utilizarlo. Seguramente has oído decir a algunos tatuadores que los filtros no deberíamos utilizarlos porque no reflejan la realidad, y en parte tienen razón, pero solo en parte, porque cuando tienes que exponer tu trabajo, lo que quieres es que se vea lo mejor posible, así que tienes que intentar que tus fotos sean lo más perfectas que se pueda. ¿Harías una foto con un móvil con una cámara de mala calidad teniendo uno bueno? Pues con el filtro pasa exactamente igual, en mi opinión. El ojo humano está polarizado, así que aplicando un filtro estás haciendo que la foto sea más real y, por lo tanto, no estás engañando a nadie. Otra cosa diferente es hacer contrastes y editar las fotos, eso ya es otro tema y, en ese caso, ya no estoy tan de acuerdo en utilizarlos, ya que si tú, por ejemplo, no has tatuado bien los negros, estarías cambiando la realidad. Por lo tanto, yo sí te recomiendo que uses filtro polarizador.

Para hacerlo necesitarás un filtro para el móvil y otro para el foco. También te aconsejo que compres un adaptador en el que puedas poner ambas cosas y puedas grabar o hacer la foto de una manera práctica y efectiva. En mi canal de YouTube tienes un vídeo titulado «**Cómo Usar un Filtro Polarizador para Mejorar Fotos de Tatuajes: Tips y**

Trucos» en el que explico cómo debes utilizarlo y en el que te muestro qué debes comprar exactamente.

También es superimportante que lo hagas siempre en la misma zona y con una pared preferentemente blanca, para que resalte más el tatuaje y puedas editar el fondo más fácilmente, si lo deseas. Si no la tienes, puedes usar una sábana o, si no, busca un sitio bonito y hazlo siempre allí para que tus trabajos se vean siempre iguales y así puedan reconocerse más fácilmente.

Antes de hacer la foto te recomiendo que tapes el tatuaje con plástico durante cinco a diez minutos para que el poro se cierre y deje de sangrar. Después límpialo bien con agua y jabón, incluso por las zonas donde no haya tatuaje también. Evita que se vean manchas de tinta y, sobre todo, de sangre. Una foto con sangre o con el tatuaje supurando no es profesional y no se verá como es debido. Busca una posición totalmente paralela al móvil; por ejemplo, en el antebrazo deberías poner el brazo hacia el mismo para que quede totalmente plano. No lo hagas muy cerca y no uses filtros (en el móvil), ya los podrás poner después de hacer la foto si es necesario (incluso, puedes ajustar si quieres el contraste también, para que no se vea tan enrojecida la piel, pero sin pasarte). Haz varias fotos y vídeos y después escoge la que más te guste; si solo haces una, es posible que no te convenza después cuando la mires y no puedas subirla. A mí me ha pasado y es muy frustrante, ya que después el cliente se va y no puedes volver a hacerla.

Los vídeos debes hacerlos moviendo al cliente en vez de la cámara, cuando sea posible. Te pongo de nuevo el ejemplo del antebrazo; si tienes que grabar el centro y los laterales es mejor que muevas el brazo con una mano y con la otra, sin mover el móvil o la cámara lo grabes, que no ir girando el móvil para grabar todo el tatuaje.

¿Qué es mejor cámara de fotos o móvil? Bueno, yo creo que los dos son buenas opciones. Personalmente utilizo un Iphone y estoy supercontento con los resultados, pero conozco tatuadores que usan cámaras normales, cámaras réflex y también tienen resultados espectaculares. Lo que sí te recomiendo es que siempre intentes utilizar el mismo dispositivo, ya que, si no, se puede notar la diferencia de un tatuaje a otro, a no ser que seas un *crack* en la fotografía, pero no es mi caso.

PREMIOS Y CONVENCIONES, ¿SON IMPORTANTES? ¿TE GENERAN ALGÚN BENEFICIO? ¿SON JUSTOS LOS JUECES? ¿CÓMO LO HARÍA YO PARA VOTAR EN LOS CONCURSOS?

Este es un tema que a mí, al principio, me tenía obsesionado. Quería ganar un premio a toda costa; empecé a ir a convenciones como un loco, a las que podía, porque suponen un gasto económico importante, ya que tienes que pagar el *stand,* el alojamiento, viaje, comidas, etcétera. A cada convención que iba estaba convencido de que iba a ganar, pero año tras otro volvía a casa con las manos vacías y frustrado. Vi cosas muy injustas, gente que ganaba solo por ser quien es, por su trayectoria, presentaban tatuajes sin acabar y ganaban; yo incluso llegué a hablar con un jurado y le pregunté por qué había ganado un tatuaje que estaba al 60 %, (a mí ya me hubiera dado vergüenza presentarlo, pero bueno…, cada cual con su manera de hacer las cosas). Y me dijo que ganó porque sabía que lo iba a dejar espectacular. ¿WTF? Me enfadé muchísimo. No digo que el mío fuera mejor, pero ese no debió ganar, y como esa vez que te cuento hubo muchas otras injusticias. Si no estás familiarizado con las convenciones, te explico muy brevemente cómo funcionan; normalmente hay tres o cuatro jurados, son tatuadores que están en la convención y no quieren participar en los concursos. Hay varias categorías, realismo, color, *new school, best of the day,* etcétera, y van subiendo al escenario los tatuados por numeración, nombre de la persona tatuada y del estudio (esto último me parece un error porque ya estás condicionando al jurado, que pone una puntuación en un papel y se lo entrega al encargado). Cuando ya tienen todas las puntuaciones se las llevan y, sin que nadie les vea, recuentan la puntuación y deciden los ganadores. Pero ¿qué pasa si hay empate? Pues que ellos deciden, según su criterio, quién es el ganador. Así de fácil, y tú no sabes si se lo han dado a un amigo suyo o qué ha pasado allí detrás; en fin, me parece muy poco transparente. Bueno, a mí y a muchos tatuadores. Es un secreto a voces que estamos hartos de las votaciones del jurado, y no es culpa de ellos porque al final votan lo que les parece correcto. El problema es que, si ese tatuador conoce el trabajo del otro compañero que ha presentado a concurso, por afinidad, y pienso que sin querer favorecer a nadie, al final le dará más puntuación a ese.

Más recientemente han probado con otra manera que me parece igual de ineficiente; valoran por tandas de cinco a diez tatuajes y les dan tres tarjetas a las personas que están en el escenario. Esos pasan de ronda y el resto se van para casa; así hasta que ya han subido todos y después escogen entre los seleccionados los tres mejores (1.º, 2.º y 3.º premio) de cada categoría. Aquí todo es más transparente, pero el problema es que, si suben cinco buenos tatuajes de golpe, por descarte se van a quedar fuera dos muy buenos, y después pueden subir cinco malos y tres se clasifican. No sé a ti, pero para mí no tiene sentido.

Vale, y estarás diciendo, ¿y tú cómo lo harías listillo? Pues yo lo haría como se hace en los torneos de patinaje artístico u otros deportes, en los que se saca la tablilla delante de todo el público y se van apuntando las puntuaciones; sería totalmente transparente y más eficaz. Esta es mi humilde opinión, pero creo que funcionaría bastante bien y se evitarían conflictos y malos comentarios.

Volviendo al principio, a mí me tenía obsesionado ganar y no lo conseguía, así que decidí que me daba igual ganar. Seguí asistiendo a las convenciones, pero solo para enseñar mi trabajo y darme a conocer.

Un día en la convención de Granada, presenté un tatuaje de unas rosas con un diamante azul. La chica subió al escenario, lo enseñó y, cuando bajó, me dijo que le había gustado mucho al jurado. Le comenté que eso se lo decían a la mayoría y que nos fuéramos a tomar una cerveza, que nos lo merecíamos. Me preguntó que si no quería esperar para saber si habíamos ganado y le contesté que no, que daba igual. Cuando nos estábamos yendo, ella escuchó su nombre por megafonía y me lo dijo; nos quedamos escuchando para ver si realmente lo habían dicho, y cuando la volvieron a llamar salió pitando hacia el jurado, y nos confirmaron que habíamos ganado el tercer premio en realismo. No me lo podía creer, ¡qué locura, mi primer premio! Después de ese vino otro, en Sabadell, otro tercer puesto. Ya estaba muy contento y orgulloso, pero quería un primer premio. Me fui a Francia por primera vez, y el primer día empaté con otro tatuaje; al final no gané el premio, me quedé a las puertas. El segundo día, lo mismo, y ya el domingo gané mi mejor premio hasta la fecha, el Best of The Day de la convención. Por último, gané otro tercer premio en la convención de Barcelona, la Only Tattoo (ya ves que el tercer premio es el que más gano). Así que si estás pensando en ganar uno, ten paciencia, haz las cosas bien, disfruta de las convenciones, haz amistades (que es lo más importante) y el reconocimiento llegará. Si algo he aprendido es que al final los premios los cuelgas de una pared y te olvidas, pero las amistades que haces allí son mucho más valiosas. Por supuesto, hay que aspirar a ganar los máximos posibles, pero sin que se te vaya la cabeza y te afecte, como a muchos que incluso he visto llorando.

También he aprendido en las convenciones que a veces no ganas según quién esté de jurado, así que no puedes luchar contra eso. Como me dijo un día alguien en una convención: «De cualquier competición que no se gane con un cronómetro o que no dependa solo de ti, no te puedes fiar». Amén.

Por cierto, no quiero que se me enfaden los compañeros; también he hecho de jurado y es muy difícil valorar los trabajos y elegir a los ganadores; seguramente también me he visto condicionado por lo que te he explicado, por eso creo que es bueno poner sobre la mesa los problemas que vemos los tatuadores y poder evolucionar y ser más justos y profesionales.

POR QUÉ HAN PROHIBIDO LAS TINTAS EN EUROPA Y EL ESCÁNDALO EN LA CONVENCIÓN DE MADRID 2015

¡Ah!, ¿que no te habías enterado? Así es, en 2024 han prohibido todas las tintas que en otros países son completamente legales, y no países cualquiera, en EE. UU., por ejemplo, donde son las más utilizadas y están fabricadas y testadas allí. Si no estás al corriente de esta noticia, estarás pensando: «Bueno si las prohíben por algo será, darán alergias o habrá algún motivo superlógico para que lo hagan». Siento decirte que lamentablemente no es así; no puedo demostrarlo, pero sí te puedo decir, como experto en el campo, que las razones que da la Unión Europea sobre esto son insuficientes como para prohibirlas absolutamente a todas. Y te puedo decir también (aquí me tendrás que creer o no), que en diecisiete años de trayectoria y con miles de personas tatuadas, solo he visto a dos personas a las que le ha hecho reacción la tinta con consecuencias leves.

Pero antes de explicarte porque están prohibidas, en Europa repito, te explico un problema que hubo hace unos años en la convención de Madrid (Mulafest), que, por cierto, era una convención chulísima y que se cargó el Ministerio de Sanidad español. Resulta que había un *stand* de un *supplier* de León; daba la casualidad que yo les compraba el material a ellos, así que los conocía bien. Meses atrás el propietario me había explicado que le habían puesto una condena de un año de cárcel, una multa de muchos euros y cierre de local por un año, porque vendió un bote de color amarillo a un cliente. Este cliente había tatuado a otra persona con ese color y, supuestamente, le había dado alergia. Digo supuestamente, porque no se le hicieron pruebas para saber si fue este el motivo, ya que cuando tatúas utilizas muchos productos, plásticos, jabones, cremas, vaselinas, etcétera, pero ellos se saltaron esos productos y fueron directamente a por la tinta. En el juicio, mi compañero reconoció que sí había vendido esa tinta y además sabía que estaba prohibida (en aquel momento solo estaba prohibida en España). Antes de acabar el juicio, le dijo al juez que él estaba de acuerdo con la condena, pero que entonces deberían multar a las convenciones de España también, porque allí se vendía la misma tinta, marca, etcétera, e incluso en la de Madrid obligaban a los tatuadores a usar esa misma tinta con la que a él le habían juzgado. El juez le comentó que eso no podía ser, ya que sería ilegal, y que si le llevaba pruebas de que eso era así, quedaría sin cargos. Es como si tuvieras una discoteca y en ella te dejaran vender drogas ilegales, pero fuera de ella no. ¿Alguien me lo puede explicar o soy yo el que no entiende nada? Ni corto ni perezoso fue a la convención. Allí me explicó que estaba esperando a los de Sanidad para hablar con ellos y preguntarles por qué se estaban vendiendo tintas ilegales en las convenciones e incluso obligaban a trabajar con ellas en la misma. Esto es tan real como que estoy escribiendo esto, en serio. Yo, que tatuaba allí, te lo puedo confirmar; venía el *staff* de la convención con los botes de tinta para que llenaras los cups y nos obligaban a tatuar con esa tinta.

Como te decía, este chico intentó hablar con los de Sanidad, pero no le hicieron caso. Así que todos los tatuadores —bueno, todos no, hubo algún que otro insolidario— optamos por tapar nuestro *stand* con papeles para que los visitantes no nos pudieran ver trabajar. No por joderlos, sino para criticar la gestión del ministerio. Pusimos letreros que decían: «NO SOMOS CRIMINALES, SOMOS PROFESIONA-LES», o «NO PODÉIS VER NUESTROS TRABAJOS GRACIAS AL

MINISTERIO DE SANIDAD». Podéis visitar mi blog, donde tengo las fotos de lo que pasó ese fin de semana.

Se armó un buen lío porque la gente que pagaba su entrada para vernos tatuar se cabreó muchísimo, pero no nos quedaba otra, nos tenían que escuchar. El domingo, viendo que no había respuesta por parte de Sanidad, mi amigo decidió llamar a la policía para denunciar que se estaban vendiendo y utilizando tintas ilegales. Me comentó que le sabía muy mal porque nos iba a «joder» el día de trabajo a los tatuadores, pero que él tenía que actuar y mirar por él y por la gran injusticia que se estaba cometiendo. Por supuesto, estuvimos la mayoría de acuerdo y lo apoyamos.

Llegó la policía. Recordaré toda la vida la respuesta del agente que habló con mi amigo cuando le dijo lo que estaba pasando; la respuesta fue esta: «Bueno, si el Ministerio de Sanidad deja tatuar e incluso obliga a tatuar con estas tintas será porque es legal», pero le cambió la cara cuando le enseñó el acta judicial donde le condenaban por vender esas mismas tintas. Te puedes imaginar lo que pasó después, empezaron a llegar más agentes y comenzaron a precintar todas las cajas y a llevárselas; se acabó la convención. A mi amigo le anularon la sentencia y la convención nunca volvió a ser la misma y dejó de celebrarse poco después. Una pena…

Te estarás preguntando qué pasó con los delincuentes de Sanidad, ¿verdad? ¡Pues nada! Qué va a pasar, ni siquiera se hicieron eco en las noticias ni periódicos. Pero eso sí, cuando acusaron a mi compañero de utilizarlas sí que salió la noticia en *El Diario de León*; te dejo aquí la noticia:

Un año de prisión para el dueño de una tienda de tatuajes por usar tinta ilegal

La defensa recurre la sentencia, que también obliga a cerrar por un año el establecimiento y a pagar una multa.

Miguel Ángel Zamora
León 7.3.2015

La titular del juzgado de lo Penal n° 2 de los de León firmó el jueves una sentencia en la que condena a un año de prisión al propietario de un establecimiento leonés dedicado al negocio de los tatuajes, por entender que utilizaba tintas ilegales y que estaba causando un perjuicio para la salud a sus clientes. El fallo establece también el cierre de la tienda por un año y una multa para el propietario. El fallo será recurrido ante la Audiencia Provincial por el letrado que defiende los intereses del condenado.

La sentencia rebaja las pretensiones iniciales del Ministerio Fiscal, que había propuesto una pena de dos años y medio de cárcel para el acusado y el cierre del negocio por un periodo de dos años. No obstante, el fallo considera probada la utilización de las tintas ilegales para realizar los tatuajes.

El acusado se ratificó en el juicio en la declaración que hizo en la fase de instrucción del caso alegando que el negocio «siempre ha informado de la no autorización para el uso de la tinta en pieles humanas» y a la vez hizo especial hincapié en que la agencia española del medicamento, que prohíbe el uso y comercialización de estas tintas en España «es también la que lo autoriza durante la convención internacional de Madrid Mulafest, ya que dicha tinta se vende legalmente en más de 100 países de todo el mundo incluyendo la Comunidad Europea.

En las conclusiones finales, el fiscal sostuvo que la venta de estas tintas era un delito para la salud pública, mientras que la defensa llevó a cabo un extenso alegato basándose en informes forenses y leyes en materia de sanidad.

Sin embargo, no hay noticia alguna de cuándo quedó absuelto de todos los cargos; hay que ver qué despistados son estos periodistas, seguro que no se enteraron.

Como te decía, desde 2024 se han prohibido estas tintas en toda Europa y sinceramente no tengo muy claro por qué, ya que los argumentos que tiene la Unión Europea, en mi opinión, no se sostienen. Por ejemplo, te dicen que algunos pigmentos son cancerígenos, mutágenos o tóxicos, pero no hay ningún caso demostrado de que esto sea así. Lo puedes buscar si no me crees. No digo que no lo sean, sino que no hay casos demostrados.

Nos dicen también que hay reacciones alérgicas y reacciones cutáneas a algunos tipos de componentes que llevan algunas tintas, no todas. Esto, como te decía al principio, sí es cierto, aunque yo solo lo he visto con el color rojo. Con los colores *blue* y *green,* nos dicen directamente que, como no hay suficientes estudios que demuestren su seguridad a largo plazo, pues que los prohíben y ya está. Fácil. Eso sí, si te tienen que poner la vacuna del COVID-19, aunque no se haya probado lo suficiente, no hay problema. Aquí usan la doble vara de medir.

No sé a ti, pero a mí esto me hace pensar en varias cosas. La primera, que todo lo que es tóxico o cancerígeno deberían prohibirlo, incluso si no hay casos demostrados, como por ejemplo medicamentos. Si dan alergia a alguna persona deberían retirarlos del mercado sin tener pruebas de ello.

Segundo, si solo algunos componentes que llevan ciertos colores en específico son los que dan alergias o problemas, ¿por qué los prohíben todos?, incluido el negro, que está compuesto de carbón negro, un derivado del carbono. Por si no lo sabes, esto no puede darnos alergia, ya que los seres humanos estamos compuestos en gran parte por carbono, así que este no sería un motivo para prohibirlo.

Y tercero y último, creo que lo que hace Europa, en general, es poner tantas restricciones, en tantos sectores que al final salimos perjudicados. En mi opinión, algún día deberán rectificar y volver a abrir el mercado de estas tintas, que, por cierto, son las mejores y las más utilizadas del mundo, pero en Europa somos los más listos y las prohibimos todas.

A mí, personalmente, me ha perjudicado, porque no puedo utilizar las mejores del mercado y, por lo tanto, que mis trabajos no sean todo lo buenos que podrían ser. Tengo que utilizar el pésimo negro que venden. Y ya ni hablar de los que hacen color; los pobres no tienen alternativas para los colores verde y azul, así que no sé cómo deben hacerlo.

En fin, en mi opinión si los tatuadores hiciéramos piña y trazásemos un plan, creo que podríamos solucionarlo. Pero poner a todo el mundo de acuerdo es muy difícil, ya que muchos optan por utilizar las tintas prohibidas de manera ilegal, aun a riesgo de que los sancionen; y como puedes imaginar, las multas por usar tintas prohibidas para uso en personas deben de ser muy gordas. Esto que te voy a decir no lo puedo demostrar, pero sí me lo han dicho, por cada bote de tinta ilegal que te pillen te pueden caer 3000 € de multa más la sanción. Ya sabes, no te la juegues y escóndelas bien, ja, ja, ja, ja. No, en serio, vete de Europa y tatúa tranquilo en EE. UU.

POSICIONES PARA TATUAR CORRECTAMENTE

Puede que al principio no le des mucha importancia a esto o que simplemente estés tan ocupado en hacer bien el resto de cosas que ignores todo lo que te voy a explicar, pero te aseguro que a la larga es una muy buena inversión aprender a tatuar correctamente, tanto por tu salud como para que tus trabajos sean mejores. Igual piensas que no es tan importante o que a ti no te va a pasar nada, puede ser, pero si tengo razón recordarás este capítulo y pensarás: ¿Por qué no le hice caso?

Una buena posición al tatuar evitará que tus articulaciones, tendones, cervicales, e incluso tu vista, no se vean tan perjudicados con el tiempo. El cliente tiene que estar cómodo para que no se mueva, pero debes priorizar tu comodidad. Busca siempre la mejor postura en la que sientas que no estás forzando nada. Debes hacer pausas cada quince minutos para despejar la vista y descansar los músculos, con 20-30 segundos de descanso es suficiente. Cada hora para y descansa cinco minutos; para el cliente es una faena, pero es necesario para ti, y necesitas tu cuerpo para siempre, cuídalo. Debes estirar los músculos y moverlos para que oxigenen; mueve el cuello también, aunque esto lo puedes hacer incluso cuando estés tatuando para no sobrecargarlo demasiado. Te mostraré algunos ejemplos:

- Cómo tatuar brazos, antebrazos y manos: en este caso, deberías usar un apoyabrazos y tanto tú como el cliente deberíais estar sentados en una silla. Si no dispones de uno, puedes usar cualquier otra cosa que se sostenga bien o incluso puedes poner la camilla en medio vuestro para que se apoye. En la parte trasera del brazo, en el tríceps, la mejor manera es que el cliente se tumbe y ponga el brazo en forma de L, es decir, con el codo hacia abajo, de esta manera la piel queda bien estirada y la zona superplana. Para la cara interior del bíceps, también tumbado hacia arriba y el brazo completamente estirado. En los dedos la cosa se complica; deberás apoyarlos bien, pero ya te adelanto que es muy difícil, sobre todo si es la cara interna.

- Para la parte baja de las piernas y pies, lo suyo es que lo hagas en una camilla y con el cliente totalmente estirado; en el caso de las rodillas, mejor que esté sentado y doblando las rodillas para que la piel quede totalmente estirada, y para los muslos, por la parte delantera, también es mejor que el cliente esté sentado y tu enfrente de él.

- En el torso es más difícil tatuar, tanto porque el cliente se suele mover más debido a la sensación más aguda de dolor, como por la respiración. Para la zona de las costillas, por ejemplo, es recomendable que el cliente no hable para que no se mueva bruscamente la piel. Para tatuar aquí tiene que estar completamente tumbado y hacia un lado. Para los glúteos debe estar totalmente tumbado; aquí te costará estirar la piel y necesitarás mucha paciencia porque es bastante engorroso y difícil. En la parte baja de la espalda, puedes poner a tu cliente sentado encima de la camilla de espaldas hacia ti, hacer que se apoye en la pared, y tú colocarte detrás con un taburete bajito. En el omóplato o en medio de la espalda tienes dos opciones, según te vaya mejor, puedes tumbarlo en la camilla y ponerte en el lado de su cabeza o lateralmente, según donde esté el tatuaje o sentarlo en una silla con el respaldo hacia delante y un poco inclinado. Normalmente yo me inclino por la segunda opción, ya que me es más cómodo y veo mejor por dónde estoy trabajando.

Por ejemplo, si estoy haciendo un realismo puedo seguir mejor el diseño si lo miro de cara hacia arriba que si lo veo al revés, aunque con práctica se puede hacer. En el pecho pasa un poco lo mismo; prueba las dos maneras y la que mejor te funcione.

TRUCOS Y CONSEJOS: CÓMO Y DÓNDE ENCONTRAR IMÁGENES PARA DOCUMENTARTE, CÓMO RETOCARLAS Y MUCHO MÁS

Voy a intentar recopilar toda la información que pueda para que te sea más fácil tratar con los clientes. Son cosas que he ido aprendiendo y que a mí me parecen muy prácticas; aunque son sencillas, si sabes muchos trucos, al final te pueden ayudar mucho. Empecemos:

Cómo y dónde encontrar imágenes de calidad y dónde retocarlas en caso de que tengan poca resolución.

Las páginas con las que más trabajo son Pinterest y Google. En Pinterest, tienes una especie de lupa cuando abres una imagen; si le clicas te sale un cuadro y puedes seleccionar, o bien toda la imagen o solo la parte que quieras. De esta forma el buscador te encontrará todas las imágenes parecidas y normalmente en varios tamaños, así que tendrás las de mejor calidad. Además, tienes muchísimas, y conforme vayas buscando imágenes de algún tema te irán saliendo recomendaciones; por ejemplo, yo busco muchas de realismo, y cada vez que lo abro aparecen en el buscador muchos diseños de tatuajes realistas, lo que me facilita muchas veces la búsqueda o me ayuda a inspirarme cuando no sé qué diseño crear. A veces, si estás muy saturado, no se te ocurren ideas, y gracias a esto tienes muchas referencias con las que jugar.

Otra bastante buena que seguro conoces es Google imágenes; aquí puedes encontrar lo que quieras. Yo siempre digo que si no está aquí es porque no existe. También tienes la opción de buscar por imagen; este truco va muy bien si te traen una que se quieran tatuar, pero no tiene la suficiente resolución. En ese caso, le das a la cámara que sale en el buscador, subes la foto y él te la busca en todos los tamaños que existe. A veces esa imagen no aparece en tamaño más grande, pero la gran mayoría sí, por lo cual es muy práctico. Si no sabes cómo hacerlo, busca esto en YouTube, donde te lo explican:

«Cómo subir una foto a Google para buscarla»

Escribiendo esto último, se me ha ocurrido que yo también puedo hacer un video para mi canal, pero en el momento que escribo esto no existe, así que mira en ese enlace. A mí personalmente no me gustan otros motores de búsqueda como el de Microsoft, porque no me encuentra muchas imágenes que en Google sí, y por eso no lo utilizo tanto.

Otro consejo es que busques en inglés, porque hay más imágenes; por ejemplo, si quieres encontrar una calavera pon *skull*, y ya verás que encuentras muchas más y de mejor calidad, y de rebote aprenderás inglés si no sabes; dos en uno.

Vale, una vez que ya tienes la imagen y es de buena definición, ya tendrías la mayor parte del trabajo hecha; pero si no es el caso, hay páginas web en las que puedes mejorar la calidad de las imágenes o fotos gracias a la IA. Si buscas en internet «web para mejorar fotografías» te aparecerán cientos. A mí me gusta utilizar PicWish. Tiene una parte gratuita y otra de pago, pero para lo que yo hago la gratuita es más que suficiente. Ojo, soy de pagar por todo lo que necesito, nada pirata, pero si le voy a dar uso. Como esto lo hago una vez o ninguna al mes, no me compensa, y con la calidad que me deja descargarlo es más que suficiente.

Este consejo que te voy a contar ahora igual te parece una tontería, porque realmente lo es, ja, ja, ja. No, ahora en serio, no es algo que te vaya a hacer mejor tatuador, pero sí que podrás ayudar a tus clientes a saber qué zonas les duelen más. Es muy sencillo, le pasas la uña apretando por la zona donde se quieran tatuar y se lo comparas con otra zona más dolorosa. Te pongo un ejemplo: se quiere tatuar en el bíceps, le dices que las costillas es de lo más doloroso; entonces, le pasas la uña apretando, pero sin pasarse tampoco, y después por el bíceps, y ya le dejas más tranquilo, a no ser que se lo tatúe en las costillas, en ese caso está jodido. Otra alternativa es pincharle con la máquina encendida, pero sin tinta, en la zona donde le vas a tatuar. Le haces un ligero punto y ya verás como se tranquilizan.

Dicen también que, si miras el tatuaje mientras te lo haces, duele menos, y esto es verdad y tiene su explicación. Si tu cerebro está ocupado mirando cómo lo hacen, no es tan consciente del dolor y se lleva mejor; se lo puedes decir a tus clientes para que no lo pasen tan mal.

Un dato curioso. Esto no te va a servir de nada más que información, pero me he dado cuenta que cuanto más se tatúa una misma persona, más le duele, y que muchas veces se tensan solo llegar al estudio. Esto lo comparo con como cuando vas a un hospital a visitar a alguien y tu cuerpo, inconscientemente, se pone tenso, ya sea por el olor a alcohol o lo que sea; pero el caso es que se tensa y eso hace que el dolor sea más intenso, porque, si no lo sabes, el dolor es más agudo cuanto más tenso esté el cuerpo. Por eso yo siempre le digo a mis clientes que intenten relajarse lo máximo posible, aunque es más fácil decirlo que hacerlo. Además, la piel tiene memoria; así que cuanto más se tatúen, más les dolerá.

Superconsejo: no tatúes el dorso de las manos, pies, labios o mucosas en general, ni dedos, ¡Se borran! ¿Para qué hacer un tatuaje si después se le va a borrar al cliente? Además del dolor, son zonas muy sensibles, aunque te lo pidan di que no, porque después te tocará repasar una y otra y otra vez, y jamás quedará como debería. Puede que te digan que saben que se va a borrar y que lo asumen, pero luego, por lo general, se olvidan y quieren que se lo repases, e incluso tienen la esperanza que algún día les quede perfecto.

No copies tatuajes de ningún artista. No me las voy dar de bueno aquí porque yo lo he hecho, y no está bien. A mí me han venido clientes con fotos de tatuajes y de entrada les he dicho de modificarlos, pero muchas veces me decían que lo querían igual. Les intentaba explicar que ese tatuaje ya lo llevaba alguien, pero les daba igual, así que cedía. Un día me pasó algo; vino un chico a tatuarse y me enseñó una foto de un tatuaje realista. Empecé a trabajar como siempre, buscando imágenes de lo que él me estaba pidiendo para hacer el montaje con Photoshop; cuando ya lo tenía acabado, me dijo que no era igual. Claro, hice mi propio diseño con base en lo que me pedía, pero no le gustaba, así que busqué exactamente el mismo animal y un fondo superparecido, pero tampoco le gustaba. Le pregunté que por qué, si era lo mismo, y me contestó que él quería exactamente lo que había traído. Me enfadé, pero le respondí que vale, que él mismo, pero que tendría un tatuaje de una persona que ya lo llevaba; se lo tatué y se largó. Meses más tarde, en casa, estaba viendo un canal de televisión español muy importante y lo vi, le estaban haciendo una entrevista. Como soy un poco Nemo le hice una foto a la tele y se la envié a mi mánager. Le dije: «¿De qué me suena este tío?», y me explicó que era el chico que había tatuado meses atrás. No me lo podía creer, era un *youtuber* superfamoso, y entonces caí en la cuenta y pensé que esto no me podía volver a pasar, así que ahora les dejo muy claro que se tiene que cambiar (aunque sea un mínimo) el diseño para que no sea igual. La razón por la que te digo que no copies es porque es una falta de respeto a tus compañeros; ellos les han dedicado un tiempo a preparar ese diseño y se lo han tatuado a otra persona, y no es justo que tú llegues y, sin trabajarlo, lo hagas igual. Además de que nunca quedará como el original; se podrá parecer, pero no será igual.

Truco para saber si alguien se ha curado mal un tatuaje: le preguntas cómo se lo ha cuidado en vez de decirle si ha hecho esto o lo otro, porque si le comentas cómo tenía que haberlo hecho, seguramente te dirá que así lo hizo. Si te contesta: «Como tú me explicaste», le contestas: «¿Y cómo te expliqué?», y los dejas locos, ja, ja, ja, ja; a veces no saben dónde meterse y su cara es un poema.

Pedir una paga y señal. Hazlo. Siempre. Si quieres vivir tranquilo. La gente te respetará más y tú te aseguras las citas. Perderás clientes malos, pero ganarás buenos que son los que interesan, porque a los buenos no les importa pagar por tus servicios y se amoldan a lo que les pidas. Puedes hacer excepciones, como por ejemplo cuando ya hayan venido varias veces y sean clientes fijos, pero al principio no las hagas.

ANÉCDOTAS PERSONALES, CURIOSIDADES Y TATUAJES RAROS

Esta es la parte que más ganas tenía de escribir en este libro. Voy a contar historias muy divertidas y te prometo que son 100 % reales y que no las he exagerado lo más mínimo, palabrita de Niño Jesús. Allá vamos.

(Iré más o menos por orden cronológico desde que empecé hasta la fecha).

Sonrisa perruna

La primera historia que me gustaría contarte es la de una chica que vino para hacerse la sonrisa de su perro. Sí, sí, lo que oyes; yo me quedé un poco sorprendido y le pregunté que si iba en serio, y me dijo que su perro se reía. Yo no me lo creía, pero cuando me enseñó la foto ahí estaba el cabrón del perro riéndose, ja, ja, ja. Qué locura; así que le dije que vale, que lo haríamos, pero el problema era que cuando le quitabas la cara y solo le dejabas la dentadura se veía rarísimo, unos dientes sin más; por lo tanto, no se lo hizo, su gozo en un pozo.

Mujer muy cachonda

Un día vino una chica a hacerse unos *piercings* en los pezones. La senté en la camilla y se quitó la camisa. Lo primero que me dijo cuando me puse los guantes es que, sobre todo, no la tocara mucho porque se ponía muy cachonda. Me quedé loquísimo, no sabía dónde meterme, a mi mánager le entró la risa, y se fue a la recepción. Yo me empecé a reír y seguí, pero cuando le cogí el pezón se puso las manos entre las piernas y empezó a chillar: «para, para, que me harás correrme». Ahí me aparté y me quedé pensando si hacerlo o no. Me pareció una loca de cojones, no sabía si me estaba tomando el pelo o de verdad se estaba excitando; de cualquiera de las formas estaba alucinando. Al final le comenté que tenía que parar de decir esas cosas porque así no podía trabajar; me dijo que vale y decidí hacérselos. Después del primer pinchazo se le pasó el calentón, así que el segundo *piercing* fue más fácil. La gente está muy mal…

Tatuajes de parejas

No podía faltar una anécdota de estas, así que, mira por dónde, te voy a contar un par. La primera es de una chica que vino a tatuarse el nombre de su novio. Era muy joven, le pregunté si estaba segura y me dijo que sí, porque además el novio se llamaba como su padre. Pasado un tiempo dejó la relación con su novio y vino para eliminarlo. Le pregunté por qué lo hacía si era el mismo nombre que su padre; me contestó: «Ya lo sé, pero me lo hice por mi novio y me recuerda a él, no lo quiero». Para que veas que hay que tener mucho cuidado con lo que te tatúas, porque a tu mente la puedes engañar, pero no a tu corazón. Ya que estoy te voy a dar un consejo, no te tatúes cosas negativas; por ejemplo: «no me rendiré», parece una frase motivadora, pero es lo contrario. La palabra rendirse tiene un significado negativo; es mejor: «resistiré», por ejemplo; busca siempre frases positivas y evita el NO. Lo digo por si te vienen clientes y te piden cosas así, para que les puedas aconsejar o incluso para ti mismo si tienes pensado tatuarte alguna frase.

Otra historia que me marcó fue la de una pareja que se hizo la misma frase en el mismo sitio, en la muñeca. Llevaban muchos años juntos, y un día el chico decidió eliminar el tatuaje para hacer otro más grande y poner el de la pareja en el otro brazo. No sé si por casualidad o qué pasó, el caso es que nunca se lo llegó a tatuar de nuevo porque dejaron la relación. Sí, seguro que es una coincidencia, ya lo sé, pero a mí me gusta darle una interpretación a todo y me parecía una cosa curiosa que contarte. Llámame loco.

Hija mandona

En otra ocasión me reí muchísimo con una madre y una hija que vinieron porque la madre se quería hacer su primer tatuaje. Tenía 68 años, no paraba de hablar y de decirme que le encantaban los tatuajes, que ojalá hubiera nacido en mis tiempos para tatuarse entera, ja, ja, ja, ja. La hija no sabía dónde meterse, me provocaba mucha ternura la mujer, era supersimpática y dicharachera. Quería tatuarse algo en el brazo, no recuerdo bien lo que era, le pregunté de qué tamaño lo quería y dijo que grande, ¡muy grande!, y la hija enfadada le dijo que no, ni de coña, lo más pequeño posible, y la madre que no, que le gustaba grande, a lo que la hija le contestó que o era pequeño o no se lo hacía, que ya no tenía edad para eso; yo me partía de risa, habían cambiado los roles, la hija echando bronca a la madre… Finalmente ganó la hija, y la madre se lo hizo del tamaño que decía ella, y creo que acertadamente, porque es verdad que, si bien creo que no hay una edad para tatuarse, ¡ni para nada en la vida!, un tatuaje grande le hubiera quedado basto y con el tiempo se hubiera arrepentido; pero claro, yo veía a la mujer tan ilusionada que cualquiera le decía que no. Me pareció una escena supertierna y rara a la vez porque se habían cambiado las tornas; ahora la hija es la que mandaba. Las vueltas que da la vida, maravilloso.

Cohete en el pene

Esta historia que viene no es nada del otro mundo, pero es para que veáis lo loca que está la gente. En este caso, mi amigo Marcelo, que se hizo un cohete en la polla y se lo va enseñando a todo el mundo. Al día siguiente de hacérselo, vino emocionado y me dijo que se quería hacer la luna y estrellas, pero le pregunté que donde se lo iba a poner, que no era Nacho Vidal. Te preguntarás qué tal es tatuar allí y cómo se hace.

Pues bien, yo pensaba que tenía que estar trempado y le expliqué que se fuera al lavabo, que pensara en mí, se pajeara y se pusiera una goma para que se quedara dura; así que se fue al lavabo y empezó a tocarse, pero apenas se le ponía, normal por la presión y porque es bastante flojo el chaval, por lo que desistimos y le tatué tal cual; la verdad que no es tan difícil y se lo pude hacer bien, y la curación fue perfecta. De dolor, te tendría que decir él que tal, pero según me dijo, es bastante soportable; es más la impresión. Y otro día también vino con cuatro amigos y se tatuó la firma de cada uno en el culo; y yo, que tampoco estoy muy fino, les dejé que hicieran una línea cada uno en su firma. (Marcelo, te quiero amigo, pero estás fatal, ja, ja, ja, ja).

Por cierto, tienes la entrevista que le hice en mi canal de YouTube. Está un poco mal grabada porque fue la primera que hice, pero eso sí, te hará reír. Se llama «**¡Marcelo revela su loco tatuaje de cohete en el PENE!**».

Espero que te guste.

Susto por la anestesia

Bueno, en esta historia que sigue me llevé un buen susto. Una clienta habitual que se pinchaba anestesia para venir a hacerse el láser tenía una cita un día por la tarde. Llegaba con retraso, cosa nada habitual en ella, pero pensé que se habría despistado. Vivía cerca del estudio así que me dije que no tardaría en llegar. De repente la vi aparecer medio agachada, intentando abrir la puerta, pero no podía, algo iba mal. Salí a ver qué le pasaba, estaba mareada, le pregunté si estaba bien y empezó a balbucear. La cogí y la metí adentro con la ayuda de mi mánager. Una vez tumbada en la camilla empezó a decirme que me había intentado llamar, pero que su móvil no funcionaba; me lo dio y me pidió que mirara qué le pasaba. Yo lo cogí y estaba perfecto, me dijo el código y lo abrí, se lo mostré y me empezó a decir que ella lo había estado intentando y no funcionaba; en ese momento me di cuenta de que estaba jodida. Le pregunté qué le había pasado y me empezó a explicar (como podía, porque casi no la entendíamos) que se estaba pinchando la anestesia en la pierna como siempre, pero que esta vez lo hizo con la cabeza boca abajo y que seguramente le había pegado una «ostia». Vamos que llevaba un colocón de la virgen. Le pregunté si quería que llamara a la ambulancia y me dijo que no, que le empezara a hacer el láser. Pensé que estaba loca, que se me iba a morir en cualquier momento allí en la camilla; estaba acojonado, y le respondí que ni de coña. Al cabo del rato empezó a sentirse mejor y me suplicó que le hiciera el láser; al final accedí, se lo hice y todo fue bien. Vaya susto nos llevamos.

Esta chica, la pobre, lo pasó muy mal. Primero le hicieron un tatuaje en toda la pierna, dejó de gustarle y me vino para que se lo eliminara con láser, cuando ya llevaba cinco sesiones y veía que no avanzaba lo suficientemente rápido decidió tapárselo con un tatuaje supernegro, casi *blackout*. Al poco tiempo se cansó, y me dijo que le hiciera un *blackout* completo. También se cansó. Me pidió que le hiciera un mandala blanco por encima, pero le argumenté que no porque con el tiempo el negro se lo «comería» y no se vería. Me aseguró que lo sabía y que igualmente asumía que no se iba a ver bien, pero que aun así lo quería. Se lo hice por el aprecio que le tenía; algunos dirán que lo hice por pasta, pero la verdad es que con esta chica tenía muy buena relación y la vi tan jodida que le cobraba bastante menos de lo que tocaba e incluso le regalé alguna sesión. La pobre tuvo que ir a un psicólogo, porque no podía mostrar sus piernas a nadie, cuando siempre había ido en pantalón corto. Por eso, al final cedí y se lo hice. Al cabo de tres meses vino a decirme que había que repasarlo. Acepté, pero con la condición de no tocarlo jamás. Como ya te puedes estar imaginando, volvió, pero esta vez le expliqué que no, que ya era suficiente, que parara. Lo aceptó y no me lo pidió más. Al poco tiempo se fue de Andorra y al cabo de dos años volví a contactar con ella para ver cómo estaba y si había seguido haciendo cosas; me reconoció que sí, que lo había intentado, pero el resultado fue desastroso. No quise saber más y le recomendé que aceptara lo que tiene y ya está. Al final solo es un tatuaje y se puede vivir perfectamente bien.

Policía loco

Esto pasó en mi estudio, con un policía amigo mío que está loco de remate. Yo estaba en la sala de tatuar y vino mi madre a saludarme. Paré un segundo y me acerqué a la puerta para hablar con ella. Cuando acabamos me despedí y se marchó, pero de repente escuché un grito y mi madre vino corriendo a decirme que había un hombre tirado en el suelo con espuma en la boca. Salí, y cuando vi a mi colega y al compañero partiéndose el culo, no me lo podía creer. Mi madre casi los mata. El cabrón empezó a sacar babas a propósito por la boca tirado en el suelo, y el compañero haciendo como si no supiera qué le pasaba. Así son algunos polis aquí en Andorra, unos cachondos, qué grandes. Por si lo estás pensando, no, no venían uniformados, ¡solo faltaba! A mi madre casi se la cargan con la bromita, ja, ja, ja, ja.

Cenizas del perro

Esta anécdota tenía dudas de si contártela o no, pero al final he decidido hacerlo porque es algo que me pasó y que hice, y luego me arrepentí; no por las consecuencias sino porque no es muy profesional. Me vino un cliente con el que hice una muy buena amistad. Nos llevábamos muy bien y venía bastante a tatuarse. Resulta que se le murió el perro y lo incineró. Estaba muy ilusionado en que le hiciera el retrato en la pierna, así que quedé con él, elegimos la mejor foto y nos pusimos manos a la obra. Mientras preparaba las tintas, agujas y todo el material sacó una bolsita de plástico pequeña. Al principio pensé que era coca, pero luego me di cuenta de lo que era. Le pregunté para qué las traía, aunque algo en mi cabeza ya me estaba diciendo para qué las quería. Efectivamente, me dijo que eran parte de las cenizas de su perro y que quería echar un poco en la tinta de manera simbólica. Al principio, por supuesto, me negué, pero empezó a insistir, que si solo un poco, que no le iba a pasar nada, que él asumía cualquier responsabilidad… Así que al final cedí y le dejé que echara un poco, pero que lo hiciera él mismo y que yo no quería saber nada. Y, por supuesto, que me parecía una idea muy loca y muy bonita al mismo tiempo, pero ¡muy loca! Se lo tatué y no le pasó absolutamente nada, y el tatuaje curó perfecto, la verdad. Lo sé, no me mates, no es profesional. Debería haberme negado y punto, hoy lo haría sin dudarlo, pero de aquellas todavía era muy novato e inseguro y cedí; además, era mi amigo y estaba muy ilusionado. Es más, me parece que si no hubiera echado las cenizas no se lo hubiera hecho, pero eso ya no era mi problema. Así que ya sabes, si te piden una locura así, no lo hagas.

Tatuajes que me he negado a hacer

Bueno, pues como cualquier tatuador, tengo varios tatuajes que me he negado a hacer. No tienes que hacer todo lo que te pidan, porque al final es tu firma. Si lo haces y después van diciendo por ahí que se lo has hecho tú, vas a perder clientes y tu fama se va a ver perjudicada. Por ejemplo, yo me he negado a hacer un símbolo nazi; sí como lo oyes, todavía hay gente en este mundo que tiene la cabeza llena de mierda y te piden gilipolleces de estas. Y sí, lo quería en el pecho, como el de la peli de *American History X*, de locos. Por supuesto le comenté que ni de coña y el chaval se fue y no volvió.

Otro lumbreras por Instagram me pidió el retrato de Pablo Escobar. Le expliqué que no le podía hacer ese tatuaje y preguntó por qué; no sabía qué responderle, así que le comenté que no me gustaba nada lo que había hecho en vida ese personaje y que me costaría mucho tatuarlo. El chaval, lejos de enfadarse o responderme, me puso unos «ja, ja, ja, ja, ja» de comentario y se quedó tan ancho. Imagínate estar cinco-seis horas viendo esa cara que me causa tanto rechazo. Cada uno es libre de hacer lo que quiera, pero yo paso; no puedo tatuar eso y dormir tranquilo.

También me he negado a hacer diseños porque no tenían ningún sentido. Una vez me vino un chico que se quería hacer una especie de brazalete polinesio que le había dibujado su novia, pero no era polinesio. Había hecho un tutifruti de muchas cosas y las había juntado. Cuando le dije que no podía tatuarse y le expliqué que no tenía sentido el tatuaje se enfadó, y me comentó que a él le gustaba, pero mi cara no dejaba lugar a dudas, no se lo iba a hacer. Así que se fue enfadado, pero volvió al cabo de unos días con el diseño «mejorado». No sabía dónde meterme, la verdad, tuve que volver a decirle que era imposible que yo se lo hiciera y esta vez sí que se cabreó y no volvió más; pero no me arrepiento, porque ese tatuaje me hubiera hecho perder más clientes que ganarlos.

Después están los típicos que quieren que les tapes un tatuaje con otro y hagas magia para que no se vea lo de abajo. Aquí mi respuesta es clara, hazte el láser, lo aclaras y después hacemos lo que te dé la gana; si no, normalmente el 80 % de los tatuajes son imposibles de tapar. La gente, cuando les digo esto del láser y el tiempo que van a tardar en todo el proceso y el dinero que van a tener que invertir, se decepcionan, y muchas veces van a pedir consejo a otro tatuador menos experimentado, que con tal de facturar les hace cualquier mierda por encima, y que a la larga es un desastre. Mucho cuidado con hacer *covers* con colores claros porque no tapan; el único color que tapa el negro: ¡es el negro! Hoy en día, teniendo láser me parece una aberración hacer un *cover* por encima sin haberlo aclarado primero, pero, como siempre, que cada uno que haga lo que quiera.

Broma delantal

Esta broma la hice durante mucho tiempo. Tenía un delantal blanco y lo cubrí de tinta de sangre. Cada vez que venía alguien novato, le decía que me tenía que poner un delantal para no mancharme la ropa, y cuando lo sacaba del almacén y me lo ponía les cambiaba la cara. Unos se reían, porque se imaginaban que era broma, pero otros se acojonaban, hasta tal punto que una vez una mujer se levantó de la camilla y me dijo que estaba loco. Me soltó: «Tú a mí no me tocas». Yo no podía parar de reírme. Al final le pareció bien la broma a la mujer y la tatué, pero se llevó un buen susto.

Una vez vino el inspector de Sanidad y vio el delantal allí colgado; se me quedó mirando como diciendo, chaval, tienes mucho tiempo libre, pero no me dijo nada más. Lo estuve utilizando hasta que al final decidí lavarlo un día y se quedó todo rosa y lo tiré a la basura. También, a veces, le decía a los acompañantes que no se acercaran mucho porque salpicaba sangre, y tonterías varias.

Máximo de horas tatuadas en un día

Aquí seré breve y solo te diré que al principio se me iba mucho la olla y tatuaba muchas horas seguidas, e incluso hasta altas horas de la madrugada. El récord lo tengo con mi amigo Albert, con el que estuve hasta las cinco de la mañana... desde las seis de la tarde, más o menos. Y el récord de horas tatuadas fue a otra amiga, Lara, que me aguantó unas doce horas seguidas, parando solo a comer 30 minutos. La tía quería acabarlo y yo estaba en mi mejor momento, porque acababa de montar el estudio y estaba superilusionado, así que le metimos caña y casi le acabo el brazo. Creo que me quedaron algunos detalles, pero lo dejamos casi liquidado en una sesión, aunque no era realismo, por cierto, si no hubiera sido imposible, ya que una manga son 45-60 horas, más o menos. No digo que ahora no me haga ilusión tatuar, sino que en este momento soy incapaz de hacer tantas horas seguidas. Ya sabes, uno se hace mayor y esas cosas.

En las convenciones también he tatuado muchas horas seguidas, y aún hoy cuando voy suelo tatuar entre seis y ocho horas, pero me lo tomo con calma y voy haciendo pausas. Te recomiendo no forzar el cuerpo porque a la larga lo pagas.

Persona más mayor que he tatuado

En una convención en Valencia me vino un señor de 72 años (lo sé porque me lo dijo) a preguntarme por un tatuaje; el hombre quería hacerse una campanilla y me preguntó el precio. Le respondí que 70 €, él se giró hacia su mujer y ella le dijo que ni se le ocurriera, a ver si iba a pillar alguna enfermedad de esas... Yo me reía por dentro; el hombre se giró hacia mí, me dio las gracias y se despidió. Al cabo de unas horas volvió, pero esta vez él solo, y me preguntó si se lo podía hacer. Estaba libre, así que nos pusimos a ello. Mientras le tatuaba me explicó que siempre había querido hacérselo porque a sus nietos les encantaba la campanilla y a él también, y que por miedo «al qué dirán» (que tanto daño ha hecho y sigue haciendo) nunca había dado el paso, pero que no quería morirse sin tenerlo. Le dije que era admirable por su parte, que al final no estaba perjudicando a nadie y estaba actuando correctamente. Hasta esa fecha, era la persona con más edad que había tatuado y se lo hice saber; le hizo ilusión también.

Haters, morosos, etcétera

Bueno, estas son las peores historias. Ya te conté una con un cliente y no voy a extenderme mucho, pero creo que debo contarlas por encima para que sepas que hay gente así y que te puedas prevenir. Como en todo en la vida, vas a tener gente que te adore y que te odie, es así, no le des más vueltas. Lo que sí debes procurar es que tengas más de las que te quieren, porque si no es que igual estás haciendo algo mal. Cuanta más gente te conozca, más *haters* tendrás, y debes saber que lo que más le jode a un *hater* es que pasen de él. Al principio me costaba gestionarlo, y bueno, tampoco es que yo sea muy famoso para tener muchos, pero sí he tenido algunos (y sigo teniendo), y al principio me enfadaba, hasta que aprendí a pasar de ellos. Entonces, simplemente desaparecen, pero si les sigues el rollo y les contestas ya han ganado, ya tienen tu atención; debes aguantar la presión y, aunque muchas veces tengas ganas de matarlos, debes calmarte y dejarlos; si no lo haces, te pones a su nivel. Lo más gracioso de esta gente es que casi siempre tienen un perfil sin foto y sin nombre. Son bastante cobardes, porque si tuvieran un par de huevos te lo dirían a la cara y punto. Yo soy el primero que si he cometido un fallo lo intento solucionar de la mejor manera, y no entiendo a los resentidos que van hablando mal de mí porque les he hecho algo mal o les he cobrado muy caro, según ellos, o cualquier otra estupidez. Tengo el caso más idiota con el que te puedes encontrar, pero al menos este puso su nombre y pude decirle cuatro cosas. Vino a tatuarse con su novia y este es el comentario que subió en las reseñas de Google:

El precio era 65,30 € con la crema. El chico puso esa cantidad en el datáfono, pero cuando vio que mi cartera era de marca, lo cambió rápidamente a 70 €.

He intentado hablar con él, pero solo he recibido insultos, en vez de reconocer su fallo.

Y esta fue mi respuesta:

Hola, ¿en serio? Si me equivoqué en el precio, disculpa, lo comprobaré y te hago la devolución de los 4,70 € y algo más para que te compres otra cartera, que esa no me gustó mucho. Decir que por ver tu cartera de marca voy a cobrarte más y quedar mal por 4 € de m... La verdad, me produce risa; en fin..., lamentable.

Todavía está en Google por si quieres verlo; he hecho copia y pega, es tal cual. Al principio ponía que «al menos el tatuaje está bien hecho», pero después lo modificó. No sé a ti, pero a mí me causa risa que haya idiotas de este calibre. ¿Cómo se puede ser tan retorcido para pensar que según la cartera que lleve le voy a cobrar más o menos? Pero es que lo peor no es eso, según él, primero puse un precio, luego lo borré y puse otro; las drogas de hoy en día son bastante fuertes. Bueno, el caso es que me calenté mucho con este comentario y le escribí por WhatsApp; le dije de todo, lo quería matar. La gente ni se imagina el trabajo que tiene que te dejen reseñas en Google, y que sean buenas, además, como para que me venga un niñato frustrado a ponerme una mala reseña porque ese día estaba enfadado. Pero he aprendido una cosa de esto, no puedes hacer nada al respecto. Es mejor obviarlos y que se queden con su pataleta de niño maleducado, y desde entonces he ido aprendiendo a no contestar. Ya me han advertido de que cuantos más seguidores tenga, más *haters* habrá, y que además es buena señal, así que ya estoy preparado.

Otro tema bastante más desagradable es cuando no te quieren pagar; por ejemplo, uno que vino, le hice cinco tatuajes en la mano, y me dijo después de hacerlos que solo llevaba 30 €. Me aseguró que volvería otro día a pagarme, pero jamás lo hizo. Otro que me hizo algo de gracia, porque el chaval fue más listo que yo, es uno que se tatuó y no le pasaba la tarjeta. Era de España, de La Seu d'Urgell, cerca de Andorra. Me dio su DNI y me aseguró que volvería al día siguiente a pagarme y a recuperar el documento. Los días pasaban y el chaval no aparecía, así que lo guardé en un cajón. Al cabo de unos meses vino un amigo mío policía a mi estudio, y recordé que todavía lo tenía, así que le comenté qué debía hacer con ese documento; se lo quedó mirando y me preguntó que desde cuándo lo tenía, le dije que unos cuatro o cinco meses. Se me quedó mirando y me respondió que me la había metido sin vaselina, que llevaba caducado más de un año. Me lo devolvió, me lo quedé mirando y pensé: «¡Qué hijo de la gran puta!», y me descojoné. Hay que reconocer que el chaval, además de espabilado, los tenía cuadrados. Lamentablemente para él no creo que llegue muy lejos si va haciendo pirulas de estas.

Piercing en la punta de la lengua para…

Seguro que ya te estás imaginando lo que te voy a contar ¿verdad? Pues, efectivamente, me llamaron para pedirme que le hiciera el *piercing* llamado *snake eyes* ('ojos de serpiente'), que es una banana que se pone atravesada en la punta de la lengua. Le expliqué que no lo hacía porque da muchos problemas y suele cicatrizar mal. Me insistió porque era para su hermana pero no cedí. Supongo que tendría el manos libres o el altavoz y ella lo estaba escuchando todo; así saltó, y me dijo que por favor lo necesitaba porque le habían dicho que a los hombres nos encantaba que nos la chuparan con ese *piercing*, ja, ja, ja, ja, ja. No se lo niego, seguramente sea así.

¡Corre, Forrest, corre!

Esto va dedicado a mi amigo Chus. Es el tío que más veces ha venido a mi estudio a tatuarse, pero no porque él quiera, sino porque no aguanta nada, es un caso único. Una vez tuve que hacerle un láser en un trozo superpequeño de un tatuaje que ya no le gustaba en la pierna, y me tuve que subir encima de él para que no se moviera. Cómo no había manera de que estuviera quieto, tuvo que venir mi mánager para que me ayudara, pero ni con esas; el cabrón se levantó después de quince segundos de sesión y se fue. Esto ocurrió hace unos cuatro años y todavía no ha vuelto a venir para hacerse otra sesión de láser, aunque para tatuarse sí; suele durar treinta minutos de media cada vez que viene…

Pedos, eructos y mocos

No voy a entrar mucho en detalle porque es muy asqueroso. Pero sí, tengo clientes que se me han tirado pedos mientras les tatuaba; hay que decir que yo creo que fue por la tensión y el esfuerzo, pero me los comí, dos veces. A veces me han tirado eructos en la cara, mientras les hacía *piercings*, con olor a chorizo, muy rico, joder… Y algún cliente no paraba de sacarse mocos mientras le tatuaba, y además me los tiraba al suelo.

Mi hija se quiere hacer el *piercing* «Angus»

Esta es buenísima. Vino una niña con sus padres a hacerse un *piercing,* y cuando les pregunté cuál quería hacerse, me contestaron: «Quiere hacerse el Angus», ja, ja, ja, ja. Nos empezamos a reír todos y estuve a punto de decirle que si lo quería al punto o poco hecho. Por si no lo sabes, el nombre real es «tragus».

Amor por los animales

A lo largo de estos años me he dado cuenta de algo muy curioso, y es el amor que tiene la gente por sus mascotas. A mí me encantan, sobre todo los perros. Un día quiero tener un labrador, pero ahora no es el momento; tengo muchos proyectos en mente y no le daría el tiempo que se merece.

Es muy curioso que la gente se tatúa antes algo de su mascota que de sus familiares, incluso lo anteponen a los hijos. Como soy muy observador, me di cuenta hace mucho tiempo, y cuando me encuentro con alguna persona que tiene hijos y se tatúa algo de la mascota, le pregunto por qué lo hace, y las respuestas son siempre las mismas. Los animales son diferentes, te dan mucho amor, siempre están ahí, son fieles, desinteresados… Y es algo que me ha llamado siempre la atención; además, cuando han fallecido y quieren hacer algo en su memoria pasa algo maravilloso. Normalmente vienen angustiados por la pérdida, incluso aunque haya pasado mucho tiempo, y cuando se lo tatúo se quedan en paz, como si cerrasen un ciclo y los dejaran ir. Tengo un cliente que por una mala praxis de un veterinario se le murió la perrita; estaba muy enfadado y cada vez que me hablaba de ella se le llenaban los ojos de lágrimas. Decía que no conseguía que se le fuera de la cabeza, y eso que él siempre había tenido animales y se le habían muerto más, pero con ella no conseguía pasar el duelo. Un día le tatué su retrato, se emocionó muchísimo el pobre; al poco tiempo volvió para decirme que cada vez que se miraba el tatuaje notaba como si estuviera con ella y sentía mucha paz. Aquello me marcó mucho, cuento esta historia muchas veces porque es muy bonita. ¿Y tú, qué opinas? ¿Se quiere más a los animales que a las personas o es un amor diferente?

FALLOS QUE HE COMETIDO EN MI CARRERA PROFESIONAL

Como ya te he dicho: «Solo hay dos tipos de tatuadores, los que se han equivocado y los que se van a equivocar». Yo ya soy de los segundos, y por varias veces, ¿y sabes qué? Que está bien admitirlo, que somos humanos y TODOS nos equivocamos, y el que diga que no, miente como un cosaco. ¿Quién no la ha cagado en su trabajo alguna vez? Todo el mundo, y lo mejor es reconocerlo e intentar solucionarlo. Hoy día, por suerte, tenemos el láser, así que podemos arreglarlo. Imagínate cuando yo empecé, que si la cagabas no había solución. Te querías morir, que la tierra te tragara, no sabías dónde meterte, es muy desagradable, pero hay que estar preparado, nadie se escapa. Los peores errores son los que le haces a las personas que conoces, amigos o familiares. Creo que como hay confianza te distraes un poco hablando y la lías; esa es mi teoría, porque es cuando más me ha pasado, y conozco a tatuadores que me han explicado lo mismo. Lo que sí se puede hacer es minimizarlos, y para eso te tienes que convertir en un buen profesional. Así que nada, te explico algunos de mis fallos más importantes.

«Beatiful Mistake». Parece broma, pero no lo es. La palabra correcta es *beautiful*; esto se lo hice a Adri, mi amigo, compañero y socio de redes sociales y YouTube. Estábamos bromeando y empezamos a decir lo

típico de «buah, ¿te imaginas que te equivocas?, encima con el *mistake*, ja, ja, ja». Vaya par de idiotas; la verdad es que entre los dos no hacemos uno… Y ocurrió… Lo escribí mal, se lo tatué y hasta pasadas dos horas no se dio cuenta. Aunque yo quise borrarlo con el láser y volver a hacerlo, se negó; y se lo arreglé poniendo la u en su sitio, gracias a que la caligrafía era como un escrito a mano y había separación entre letras.

Otra cagada monumental que hice fue a otro buen amigo y de mis clientes más fieles, Reymond. Ese día estaba saturadísimo de trabajo y le atendí supertarde. Me parece que un par de horas más de lo que le tocaba. Se empezó a poner nervioso porque se tenía que ir y le pedí a mi mánager que me preparara el diseño. Se quería tatuar «*God is love*», en letras góticas gigantes y rellenas. Le marqué el diseño y empecé a tatuar y cuando ya lo tenía casi acabado le pregunté por qué se hacía ese tatuaje. Me dijo que para él Dios era superimportante. Cuando dijo la palabra Dios me entraron sudores fríos, pero seguí tatuando porque ya estaba casi acabado. Me quedé en *shock*, por eso no entendía el tatuaje. «*Good is love*», que traducido sería «El bien es el amor»; a ver, se podría decir, pero es raro de cojones. No sabía qué hacer. Me empecé a encontrar mal, se lo acabé como pude y se lo miró al espejo; me dijo que le encantaba y se fue. En cuanto se largó, se lo comenté a mi mánager. Se quería morir ella también, la pobre, ya que fue quien lo preparó, aunque el fallo fue en gran parte mío porque tendría que haberlo preparado yo y a su hora. Cuando llegué a casa estaba hecho una mierda; no sabía cómo decírselo, pero pensé que tenía que hacerlo, así que le eché huevos, lo llamé y le dije: «Reymond, tío, ¿qué tal? Oye, creo que tenemos un problema. Tú te querías tatuar Dios (*God*) y me he equivocado». Al principio se reía, porque pensaba que estaba de broma, pero luego se dio cuenta de que hablaba en serio. Me dijo: «Ostias, ¿y ahora qué hacemos?», y le comenté que el proceso iba a ser largo, pero que se lo tenía que eliminar con láser y volver a hacer el God sin las dos oes. Suerte que es una bellísima persona y se lo tomó bien dentro de lo que cabe. Es más, ha seguido viniendo y confiando en mí desde entonces, y ya lo tiene arreglado, así que ahora es una anécdota curiosa, pero que no le deseo ni al peor enemigo.

Otros fallos muy comunes, más de lo que puedes imaginar, son los de las fechas y frases en otros idiomas. Vigila y pide que las comprueben más de una vez, porque a mí me ha pasado varias veces que los clientes se han equivocado. No sé si es por los nervios o qué, pero ocurre. Una vez tatué la fecha de un hermano fallecido, y días después me explicó que se había equivocado. Por suerte, me lo había enviado por WhatsApp y puede comprobar que fue fallo suyo; pero, aun así, le respondí que se lo eliminaba y se lo volvía a hacer sin ningún coste; sin embargo, me dijo que ya estaba bien y optó por dejarlo. Eso sí, me reconoció que su padre se había enfadado mucho por hacerse la fecha de la muerte de su hermano y, encima, equivocarse. Y como este caso tengo varios, así que ten cuidado y diles que te envíen la fecha por alguna red social para quede registrado y puedas demostrar que el fallo es de ellos.

Esto que te voy a contar es un error de novato que por suerte no me ha vuelto a pasar.

Me pusieron 1000 € de multa por hacerle un *piercing* en la lengua a una menor que me la coló, pero bien, porque me dijo que tenía dieciocho años, aunque en realidad tenía dieciséis. Lo mejor de todo es que la madre me puso la denuncia, pero no le hizo quitarse el *piercing*. ¿Y cómo lo sé? Pues porque un año más tarde, aproximadamente, la chica volvió para hacerse otro *piercing*. No la reconocí y le di el consentimiento informado para mayores de edad. Cuando me lo rellenó, algo me hizo clic. Ese nombre me sonaba, y mucho. De repente, caí. Fui a buscar el informe y la multa de Sanidad, y lo vi. ¡Era ella y me la quería volver a colar! Así que salí del almacén y le dije que si no tenía suficiente con denunciarme una vez. Me pidió disculpas y me dijo que había sido su madre, que ella no tenía nada que ver. Yo sabía que era mentira porque en el informe salía su declaración, donde decía que yo se lo había hecho aun sabiendo que era menor. No me lo podía creer, encima llevaba el *piercing* de la lengua todavía. No la quería ver más, así que le expliqué que si quería hacerse un *piercing* me tenía que traer la autorización firmada por la madre. Se fue y pensé que ya estaba, que su madre no la dejaría y mucho menos en el mismo estudio. ¿Pero, a qué no sabéis lo que pasó? ¡Exacto! ¡Volvió con la autorización firmada por su madre! No me lo podía creer. Increíble, Primero me denunciaba y después le dejaba hacerse un *piercing* en mi local. ¡Qué santos cojones! Después de eso empecé a ganar confianza con ella y empezó a tatuarse conmigo por varios años, y ahora me llevo muy bien. Con el tiempo, me reconoció que su madre estaba loca y que la había obligado a declarar, que ella no tenía nada que ver; y yo creo que es verdad, que seguramente quiso cobrar alguna indemnización o algo así, pero se quedó con las ganas porque el dinero fue para la Administración.

Otro error, a otro amigo, en una convención, en la de Barcelona exactamente; esta vez merecido, por mal profesional (tienes un vídeo en mi canal de YouTube en el que le hago una entrevista y hablamos de ese día. Se llama «**Descubre a Jordi Rubio: futbolista y su amor por los tatuajes**».

Teníamos un diseño superchulo para la zona del antebrazo; una chica con capucha y unos árboles debajo, más una mujer con paraguas rojo, estilo Trash Polka. Nos lo habíamos currado mucho y estábamos dispuestos a ganar algún premio con ese tatuaje, con lo que nos pusimos manos a la obra desde muy pronto. Casi no paramos. Solo nos levantamos para comer e ir al baño alguna vez, pero como había mucho curro íbamos a por faena. La novia de este chico empezó a traernos cerveza, una, dos, tres, ¡cuatro! Perdimos la cuenta; pillamos un pelotazo de la ostia. Cuando nos levantamos empezamos a mirarlo y a decir que era la ostia, que me había sacado la polla con ese tatuaje, que íbamos a ganar no uno, sino todos los premios, ¡toda la convención!, ja, ja, ja, ja. Madre mía. El alcohol te hace desvariar muchísimo (por eso lo dejé y estoy muy orgulloso por ello). El caso es que no ganamos nada; no lo entendíamos porque nuestro tatuaje era el mejor de los mejores, y al menos teníamos que haber ganado algo. Al día siguiente, con la resaca, mirando las fotos me di cuenta de varias cosas. Le faltaban detalles por varios lados y lo peor, a la cara le faltaba sombra y parecía que tenía la mandíbula desviada. Entendí perfectamente por qué no ganamos nada y me juré que jamás volvería a beber mientras tatuaba. Tengo que decir, a mi favor, que eso nunca lo hacía en el estudio. Nunca he tatuado bebido, ni drogado; bueno, no tomo drogas, pero ese día comprendí que tampoco debía hacerlo en las convenciones. No es serio ni profesional y la puedes liar gorda. Más tarde, en mi estudio, pude arreglarlo poniendo más sombra en la cara y los detalles que faltaban. Esto fue en el año 2016 más o menos y nunca jamás volví a beber alcohol en una convención.

Otro fallo, como te conté en otro capítulo, es que nunca les había pedido una foto a los famosos que venían a mi estudio, pero hace un tiempo atrás he empezado a hacerlo. La verdad que, de momento, no ha tenido mucho impacto, pero yo sé que algún día dará sus frutos. Me he dado cuenta de que hoy en día lo que mandan son las redes sociales. Y si tienes más seguidores la gente te ve como mejor profesional. Claramente no tiene nada que ver, porque tú puedes ser una máquina llevando las redes, pero luego un patata tatuando. Pero esto la gente hoy día no lo valora; se guían por los seguidores, así que yo me he apuntado a eso y me gustaría pedir tu ayuda de nuevo, así que venga; va. Deja el libro un momento y suscríbete y sígueme en redes (Ink Virtus Tattoo). Me ayudas un montón a seguir creciendo y, gracias a ello, podré escribir más libros como este y darte más contenido de calidad. Muchas gracias por tu apoyo.

He dejado lo «peor» para el final. Digo lo peor porque me costó mucho sacrificio de trabajo, de dinero y de salud. No exagero, tuve que ir al psicólogo incluso, pero mejor te explico desde el principio. A ver, el caso es que llevaba trece años en el mismo estudio en el que empecé (Pichu's Tattoo). La zona había perdido interés porque habían quitado los juzgados de enfrente y eso generaba mucho tráfico de gente, las plazas de *parking* de zona azul también las eliminaron e hicieron un carril de bici que no usa nadie, y yo ya estaba cansado de estar allí. Llevaba demasiado tiempo en el mismo sitio. No es que estuviera mal, pagaba poco alquiler y la gente ya me conocía y sabía dónde encontrarme; además, era un sitio bastante céntrico y con un *parking* gigante al lado, pero algo me decía que tenía que moverme. Es como el agua cuando está estancada, hay que moverse, renovarse o morir.

Un día vi a un cliente amigo mío y me dijo que se quería ir de la tienda de *vapers* donde trabajaba porque no se llevaba bien con su jefe y no sabía qué hacer. Se me ocurrió que podía vender *vapers* en un trozo de mi tienda; me comentó que se lo pensaba y me decía algo. Al poco tiempo me vino con una idea diferente, maravillosa (en nuestra cabeza, claro). Había hablado con su vecino que era *youtuber,* y a los dos se les ocurrió montar un estudio de tatuajes y uno de *vapers* unidos, a lo grande. A mí me pareció buena idea de entrada. Yo me quería ir de allí y, además, según me comentaba él, con los *vapers* se hacía muchísimo dinero. Ahora sé que no hay negocios mágicos, y que si te dicen que da mucho dinero probablemente sea todo lo contrario, pero me lo tragué. Creo que él, en su cabeza, pensaba que era así, seguramente porque le pasaba igual que a muchos, que ven lo que entra en la caja, pero no lo que sale. Y en un negocio con un local a pie de calle hay muchos gastos; total, que con nuestra brillante idea nos pusimos a hacer reuniones y a buscar local. En un principio, el *youtuber* iba a poner todo el dinero y nosotros la mano de obra, o eso me hizo creer mi amigo, pero cuando llegó el momento de crear la sociedad se echó para atrás y repartimos peras, o sea gastos; yo tenía que poner un montón de dinero, y no lo tenía todo, así que tuve que currar como un loco para conseguirlo durante esos meses. A todo esto, se asoció con nosotros un chico que mi socio conocía y que fabricaba líquidos de vapear, así que ya teníamos el *pack* completo. El *youtuber* se encargaría de la publicidad, mi socio de vender *vapers*, el de los líquidos de crear nuestra propia línea de productos y yo de tatuar, ¡guau! Sonaba de la ostia, nos íbamos a comer el mundo.

Las cosas se empezaron a torcer ya desde un principio; no encontrábamos local por ningún sitio y lo que había era intocable de precio. x Al final, visitamos dos locales del mismo dueño que podíamos unir y hacer uno gigante, pero el precio era desorbitado, nada más y nada menos que 5250 € al mes. Intentamos negociar el precio con la propiedad, pero no quisieron rebajar nada, así que lo alquilamos porque no teníamos otra opción y nos moríamos por empezar cuanto antes; pero las prisas matan. Cuando ya teníamos las llaves del local, intentamos que nos dieran un mes para poder hacer las obras, pero nada, nos empezaron a cobrar desde el primer minuto. Para colmo, no encontrábamos industriales, estaban ocupados y desbordados de trabajo, nos daban tres meses de espera en el mejor de los casos. No lo podíamos creer. Por suerte, yo he trabajado diez años en las obras, así que sé hacer muchas cosas. Mi socio y yo nos pusimos manos a la obra y empezamos a currar los fines de semana y los ratos libres, pero pronto se empezó a cansar y a decir que tenía que adelantar faena en los pedidos y no sé qué ostias más, y empecé a quedarme solo con las obras. Ahí empezaron las primeras discusiones. Además, empezamos a gastar más dinero del que teníamos previsto y nos ocurrieron un montón de problemas. La dueña del local se acordó que tenía que pasar unos tubos por el suelo (después de 25 años se acordaba precisamente ahora) y mis socios, por no discutir con ella, cedieron; nos hizo perder días y quebraderos de cabeza. Cada vez iba peor. Yo tuve que trabajar muchas noches para acabar la obra y empezar cuanto antes, y mis socios en casa tocándose los huevos. Pero bueno, para resumir un poco lo que pasó, conseguimos abrir, la tienda quedó espectacular, hay que decirlo, y solo nos gastamos 190 000 €, entiéndase la ironía. Una vez abierto, mi socio (y compañero con el que tuve la brillante idea) y yo no hacíamos ni un día de fiesta, de lunes a domingo con un sueldo de 1500 €. En un principio se nos tenían que pagar las dietas a los dos, pero los otros dos socios decidieron que no era el momento; me estaba consumiendo, y la venta de *vapers* era pésima; no salían los números por ningún lado, ahí no trabajaba ni Dios, y yo ya estaba harto. Así que a los tres meses me planté y dije que me iba, que antes de arruinarme y perder la salud con ese negocio, prefería largarme. Como te decía, fui a la psicóloga porque no conseguía levantarme de la cama, estaba abatido, no sabía qué me pasaba, pero por fin lo entendí. Tengo que agradecer a mi otro socio de Barcelona, el que produce los líquidos, ya que me ayudó muchísimo. De hecho es el único que intentó que todo saliera bien, el único por el que me daba pena irme. Trató de que me quedara por todos los medios; yo propuse unas condiciones para seguir y él fue el único que las aceptó. El *youtuber* me dijo que si estaba loco, me dieron ganas de matarlo. Mis condiciones eran las siguientes: cobrar 3000 € al mes, fiesta sábado y domingo, y el porcentaje de los beneficios subirlo de un 25 % a un 33 %. Tenía mis razones para pedir esto. Cuando decidí asociarme con ellos, yo no pedí ni un duro por mi estudio, por mi clientela, por un negocio que llevaba trece años funcionando. Me equivoqué y quería remediarlo, pero no llegamos a un acuerdo y todo se fue a la mierda. Encima, René ZZ nos hizo un vídeo criticándonos por hacer un Vape Shop-Tattoo Studio, y ahora, en perspectiva, veo que tenía razón. Bueno, de hecho hice un vídeo que está en mi canal de YouTube para dársela.

Se llama: **«René ZZ reacciona a mi tatuaje ¡y su respuesta es sorprendente!»**.

Míralo y así podrás ver también el pedazo de local que montamos, no tiene desperdicio. Y esto es todo, te he hecho un resumen, pero bueno, me ha enseñado muchas cosas, así que no me arrepiento de nada, solo de haber palmado 40 000 €, de los que pude recuperar algo de la inversión llevándome el mobiliario y todo lo del estudio. Aquí sí que tengo que romper una lanza a favor de mis exsocios y decir que, en este aspecto, se portaron muy bien; me dejaron llevarme todo lo de la parte de tatuaje y yo no les pedí nada a cambio. La verdad que fue una salida limpia y todos salimos ganando.

OPINIONES PERSONALES

Por ejemplo, qué opino yo de usar auriculares, del microrealismo, de los tatuajes de línea fina, blanca, etcétera. Pues bien, de los tatuadores que usan auriculares, al principio pensaba que era de mala educación, pero con el tiempo me he dado cuenta de que te puedes concentrar mucho mejor si nadie te habla. Yo no los uso ni los he usado nunca, pero a veces me lo he planteado cuando son tatuajes muy grandes. También tengo que reconocer que cuando tengo clientes que te empiezan a preguntar por todo y a hacerte un cuestionario me dan ganas de ponérmelos, pero nunca lo he hecho (no lo descarto).

Del microrealismo voy a opinar también. Sé que me van a caer ostias por todos lados, pero me da igual, es mi opinión actual y ojo, me puedo equivocar, pero ahora mismo lo que yo veo. Y es que un tatuaje con el tiempo se expande y se juntan las líneas, con lo que si ya es difícil hacer que un realismo cure bien con un tamaño considerable, no me quiero imaginar cuando lo haces a la mitad del tamaño que debería o incluso menos. No quiero quitarles mérito porque hacerlo tiene que ser dificilísimo, pero para mí no funcionan a largo plazo. Me gustaría ver en las redes tatuajes curados de este estilo, pero no los veo, solo recién hechos o como mucho recién curados o curados de poco tiempo. Mi opinión es que cada uno es libre de tatuar lo que quiera, pero yo no creo que a largo plazo curen y se mantengan bien.

Después están los de línea fina. Con estos no tengo nada en contra, pero sí con los tatuadores que lo quieren hacer tan fino que apenas clavan la aguja, haciendo que con el tiempo el tatuaje se quede muy apagado. He tenido una tatuadora de línea fina en mi estudio y siempre le decía que tenía que clavar más, porque le venía mucha gente a repasarlos. Una vez vino una chica a repasar un tatuaje ¡nueve veces!, y ella se defendió diciendo que tatuaba así, y que los clientes lo sabían. Eso no es tatuar; la tinta hay que ponerla en la dermis. De lo contrario el cuerpo la elimina cuando cicatriza y queda un intento de tatuaje. Tatuadores de línea fina, ¡clavad la aguja por Dios!, ja, ja, ja, ja.

Lo mismo de la línea blanca, hubo una temporada en que se puso de moda y hasta que la gente empezó a ver que no servía de nada, porque con el tiempo no se apreciaba el blanco, no había día que no me lo pidieran. Creo recordar que lo probé en un par de clientes y, como te he dicho, con el tiempo apenas se distinguía.

Si me sigues en mis redes o en YouTube (Ink Virtus Tattoo) sabrás que me he eliminado una frase en mi espalda y el tribal que tengo en mi brazo izquierdo también está en proceso. Me gustaría aclarar por qué hago esto, ya que hay gente que me lo pregunta mucho. La verdad es que el de la espalda era una frase que estaba la línea muy junta y no se leía bien, así que decidí que desapareciera, y el tribal me he cansado de él. A decir verdad, tuve una temporada en que me entró una paranoia y me los quería borrar todos, se me fue la olla, pero bueno, ahora la verdad es que solo quiero borrarme el tribal y me quedaré con los demás, y quizá, pero solo quizá, algún día me haga otro. No sé si es porque al estar en este sector me he agobiado un poco, pero la verdad es que tengo algunos clientes a los que les ha pasado lo mismo que a mí y se los están quitando todos, como por ejemplo la *influencer* Katy Sancheskiiiii. Tengo una entrevista con ella en YouTube, donde explica por qué se los está eliminando. Se llama «Katy **Sancheskiiii de OF revela por qué se despide de sus tatuajes**»; es muy interesante y tiene unos tatuajes muy locos de los cuales hablamos.

«¡Pero es que ya no cabe ni un tatuador más!». Esto lo llevo escuchando desde que empecé a tatuar, es el miedo irracional a la competencia. Y mi opinión al respecto es que hay sitio para muchos más, ya que cada vez hay más gente que se quiere tatuar; por lo tanto, tienen que aparecer más tatuadores. Para mí, el problema viene más de los que quieren ser tatuadores por dinero y revientan el mercado, y luego, en el extremo más vergonzoso, están los que lo hacen de manera desleal, montando sus negocios en casa sin pagar un duro, jodiendo a los que sí lo hacemos. Pero, por lo demás, creo que sí puede haber más tatuadores, va a haber más tatuadores y eso es bueno porque la competencia, aunque no exista porque es cada uno el que tiene que mejorar y crecer, nos hace evolucionar y mejorar los unos con los otros.

FORMACIÓN PERSONALIZADA *ONLINE*. TE AYUDO A MONTAR TU PROPIO ESTUDIO O A TRABAJAR EN UNO

Este capítulo es solo para informarte de que puedo guiarte en tus siguientes pasos, vivas donde vivas, de manera *online*. Con mis mentorías privadas puedo resolver todas las dudas que te surjan en cada momento, puedes contratar conmigo las horas que quieras según lo necesites. Si necesitas ayuda para montar tu estudio o para trabajar en otro de tu zona puedo darte claves para que lo puedas hacer cuando estés preparado. Además, tengo varios infoproductos que te pueden ayudar para que aprendas a tatuar de una forma práctica, sencilla y efectiva.

Si quieres más información puedes visitar mi página web <u>inkvirtus-tattoo.com</u>

REFLEXIÓN FINAL

Espero y deseo que este libro te ayude y te guíe para ser un excelente tatuador y una gran persona. Al final, creo que una cosa va ligada a la otra, y si no eres buena persona, puedes ser un tatuador de éxito, sí, pero no lo disfrutarás, ni tu vida será plena. La vida va de dar y de recibir, y cuanto más damos, más felices somos. Así que da mucho amor a tus clientes, tatúa con pasión y haz de este arte algo apasionante en tu vida. Por supuesto, tendrás días mejores que otros y altibajos, pero, en general, debes disfrutar de lo que haces, ya que vas a pasar la mayor parte de tu vida haciendo lo mismo. Te deseo lo mejor de corazón, y si este libro te ha ayudado me encantaría que me lo hicieras saber enviándome tu opinión a este *mail*: infoinkvirtus@gmail.com. Un beso, gracias y hasta pronto.

¡Que corra la tinta!